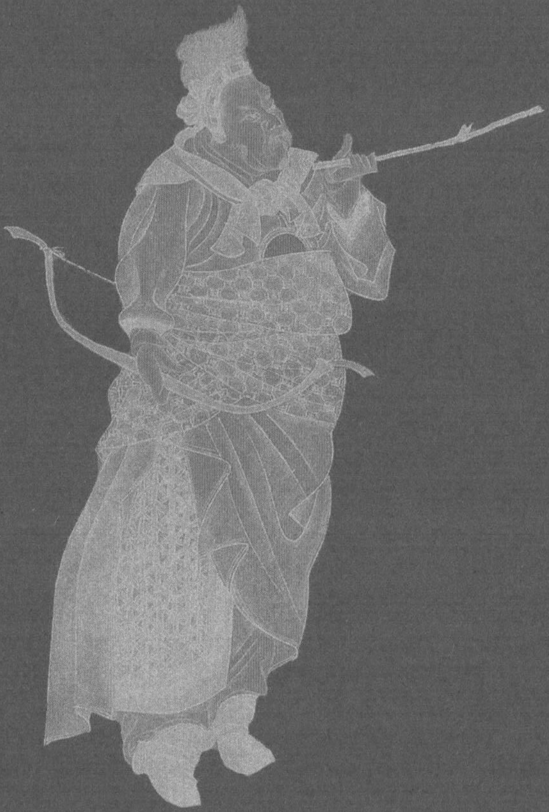

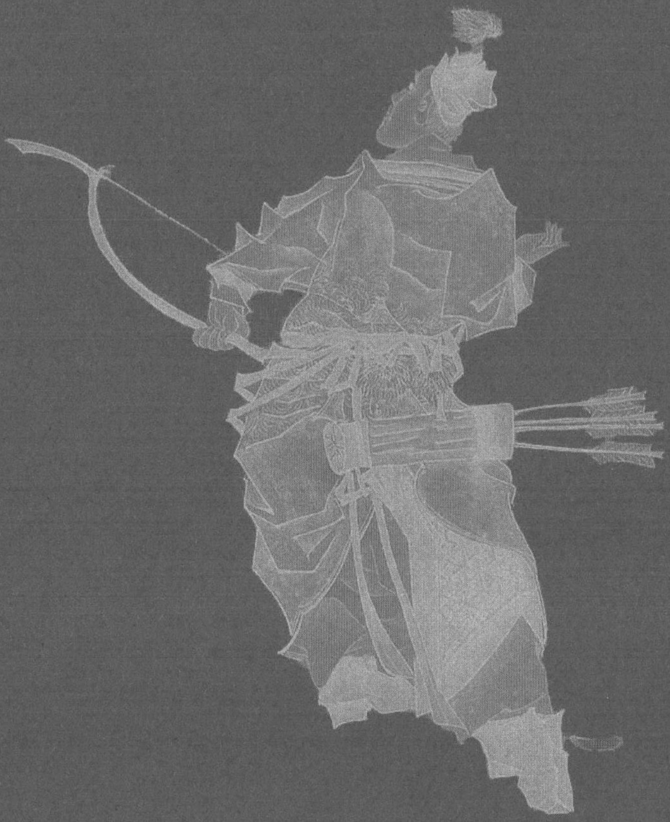

고사성어가 열리는

천자문 나무

팬더 컬렉션 / 엮음

圖書出版 明文堂

머리말

요즈음 우리나라에서는 2천여 년 동안 사용해왔던 한자가 반세기도 채 안 되는 기간에 완전히 외국어가 되어버린 듯한 생각이 든다. 한글 전용정책과 서구학문에 지나치게 경도되어 한학을 공부하는 학문의 맥이 끊어지다시피 한 것이다.

우리말에서 한자어의 비중이 절대적이므로 한자어의 정확한 뜻을 이해하기 위해 한자를 함께 표기하는 건 중요하다. 표준국어대사전에 실린 표제어 약 51만 개 가운데 한자어는 58.5%로 한글 고유어(25.5%)의 두 배가 넘는 것이 현실이다.

이제 중국은 그 옛날 대국의 명성을 다시 찾아가며 마침내는 미국 다음가는 경제대국으로 부상하고 있다.

지금껏 우리나라에서는 공공연히 영어의 공용화 주장까지 나오는 판에 제2의 우리글이기도 하였던 한자를 병행해서 사용하지 못할 이유가 무엇인가? 중국이 세계 최대 경제대국이 되는 것도 시간문제인 지금에 와서 조금만 더 관심을 기울여 공부하면 2천 년을 사용해 왔던 한자를 더욱 친숙하고 쉽게 이해할 수 있지 않을까?

한글은 세종대왕께서 창제한 세계에서도 가장 훌륭한 우리글임은 누구나 다 알고 있다. 한글과 한자는 상호보완적인 관계라 할 수 있다. 한글은 음을 표기하는 데 탁월한 기능을 가지고 있고, 한자는 뜻을 나타내는 데 뛰어난 기능이 있으므로 한글과 한자를 나란히 씀으로써 낱말에 대해 다시 한 번 생각하게 하는 여지를 남기고 생각하는 습관을 기르게 한다. 따라서 이 둘을 함께 쓰면 금상첨화(錦上添花)일 것이다.

어느 영문학자는 "영어를 무분별하게 사용함으로써 한글문화가 천박해졌다는 소리는 들어보았으나, 한자를 사용해서 한글의 수준이 낮아졌다는 얘기는 들어보지 못했다." 고 말하고 있다.

그런데 참으로 놀랍게도 한자 또한 고대 우리 민족이었던 동이족(東夷族)이 만들었다는 주장이 제기되고 있다.

중국의 일부 유명 학자들까지도 한자라는 뜻글자를 창제한 민족이 동이족임을 밝히고 있다. 주역의 괘(卦)를 만든 복희씨가 동이족이고, 최초의 한자라고 일컬어지는 갑골문자 또한 동이족이 세운 은(殷)나라의 문자이기 때문이다. 또한 낱글자 속에 담긴 상수리(象數理)의 이치에 의해 동이족이 한자를 만들었음을 밝혔다.

천자문 대서사시(大敍事詩)

《천자문(千字文)》은 흔히 한문을 처음 배우는 사람을 위한 입문서로 알려져 있지만, 그 내용은 단순한 교습서를 넘어 우주와 자연의 섭리, 인간의 도리와 처세의 교훈 등 삼라만상을 함축하여 망라하고 있다.

《천자문》은 중국 남조(南朝) 양(梁)나라 무제 때의 관료인 주흥사(周興嗣, 470?~521)가 글을 짓고 동진(東晉)의 왕희지(王羲之)의 필적 중에서 해당되는 글자를 모아 만들었다고 하며, 사언고시(四言古詩) 250구(句), 합해서 1,000자가 각각 다른 글자로 되어 있다.

황제의 명으로 주흥사가 이 글을 하룻밤 만에 지은 뒤 머리가 하얗게 셌다는 전설과 함께 「백수문(白首文)」이라는 별칭이 있다.

내용은 「천지현황(天地玄黃)」에서 시작하여 「언재호야(焉哉乎也)」로 끝난다. 당나라 이후 급격히 보급되어 많은 서가(書家)에 의하여 써졌으며, 그 중에서도 습자교본으로 가장 유명한 것은, 왕희지의 7대손 지영(智永)이 진서(眞書 : 楷書)와 초서(草書) 두 체로 쓴 《진초천자문(眞草千字文)》본으로 1109년에 새긴 석각(石刻)이 전하고 있다.

천자문이 한국에 전해진 연대는 확실치 않으나 백제 때 왕인(王仁)이 《논어(論語)》 10권과 함께 이 책 1권을 일본에 전했다는 기록으로 보아 이보다 훨씬 전에 들어온 것으로 추측된다.

우리나라에서 가장 널리 알려진 천자문은 명필 한호(韓濩, 호는 石峯)의 글씨로 1583년 서울에서 간행된 《석봉천자문》이다.

천자문을 배우는 데 있어, 막연히 그냥 외우는 것은 무척 지루할 뿐더러 이해하기도 쉽지 않다. 그래서,

「천자문을 어떻게 하면 재미있고 쉽게 배울 수 있을까?」 하고 생각한 끝에 천자문과 아울러, 교훈·경구·비유·상징어 및 관용구나 속담 등으로 사용되어 일상 언어생활에서의 표현을 풍부하게 해주는 촌철살인의 명언 「고사성어」를 연결해서 공부하면 어떨까 하는 생각에서 만들어진 것이 이 책 《고사성어가 열리는 **천자문 나무**》이다.

「천자문 나무」에는 1,000개의 천자문에 가까운 글자 수만큼의 고사성어가 열려 있다. (*글자의 특성상 고사성어가 아닌 단어인 경우도 극히 드물지만 포함되어 있다)

아래 <천자문 나무>는,

「공업 쌓는 일의 기초가 된다면,
명성은 끝이 없을 것이다」

영 업 소 기 자 심 무 경
榮業所基 籍甚無竟

이렇게 4언고시로 된 천자문 한 자 한 자마다 고사성어가 연계되어 있음으로 해서 이 나무 전체를 머릿속에 기억하는 방식으로 「천자문」과 「고사성어」를 함께 기억할 수 있는 일석이조의 공부 방법인 것이다.

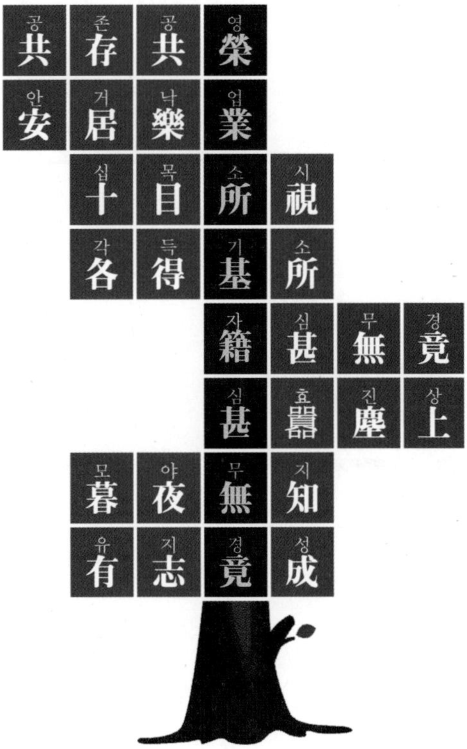

목차

외수부훈 입봉모의
43. 外受傅訓 入奉母儀 : 밖에 나가서는 스승의 가르침을 받고, 집안에 들어와서는 어머니의 몸가짐을 받든다 / 80

내우외환 / 수총약경 / 일부중휴 / 과정지훈 / 원입골수 / 마상봉도 / 자모패자 / 입봉모의
{內憂外患 / 受寵若驚 / 一傅衆咻 / 過庭之訓 / 怨入骨髓 / 馬上奉導 / 慈母敗子 / 入奉母儀}

제고백숙 유자비아
44. 諸姑伯叔 猶子比兒 : 모든 고모, 큰아버지, 삼촌들은 조카를 자기 자식처럼 여기고 자기 아이처럼 다정하게 대해야 한다 / 92

반구저기 / 마고소양 / 백낙일고 / 백이숙제 / 곤수유투 / 유자가교 / 소비하청 / 형처돈아
{反求諸己 / 麻姑搔癢 / 伯樂一顧 / 伯夷叔齊 / 困獸猶鬪 / 孺子可教 / 笑比河清 / 荊妻豚兒}

공회형제 동기련지
45. 孔懷兄弟 同氣連枝 : 형제를 몹시 그리워 잊지 못하니, 같은 기운을 받아 이어진 가지와 같기 때문이다 / 104

공자천주 / 궁조입회 / 난형난제 / 사해형제 / 동병상련 / 호연지기 / 비익연리 / 계림일지
{孔子穿珠 / 窮鳥入懷 / 難兄難弟 / 四海兄弟 / 同病相憐 / 浩然之氣 / 比益連理 / 桂林一枝}

교우투분 절마잠규
46. 交友投分 切磨箴規 : 벗을 사귈 때에는 서로가 분에 맞는 사람끼리 사귀어야 하고, 깎고 갈고 일깨워주고 바른 말로 잡아준다 / 118

원교근공 / 막역지우 / 구화투신 / 사분오열 / 절치부심 / 절차탁마 / 절마잠규 / 묵수성규
{遠交近攻 / 莫逆之友 / 救火投薪 / 四分五裂 / 切齒腐心 / 切磋琢磨 / 切磨箴規 / 墨守成規}

인자은측 조차불리
47. 仁慈隱惻 造次弗離 : 어질고 사랑하며 안쓰럽게 여기는 마음은 잠깐이라도 떠나보내서는 안 된다 / 132

살신성인 / 엄부자모 / 은거방언 / 측은지심 / 폐문조거 / 유세차 / 조차불리 / 지리멸렬
{殺身成仁 / 嚴父慈母 / 隱居放言 / 惻隱之心 / 閉門造車 / 維歲次 / 造次弗離 / 支離滅裂}

千字文 나무

38. 榮業所基 籍甚無竟 荣业所基 籍甚无竟

(영업소기 자심무경)

❶	共(공)	存(존)	共(공)	榮(영)			
❷	安(안)	居(거)	樂(낙)	業(업)			
❸		十(십)	目(목)	所(소)	視(시)		
❹		各(각)	得(득)	基(기)	所(소)		
❺				籍(자)	甚(심)	無(무)	竟(경)
❻				甚(심)	囂(효)	塵(진)	上(상)
❼		暮(모)	夜(야)	無(무)	知(지)		
❽		有(유)	志(지)	竟(경)	成(성)		

풀이

❶ 共存共榮(공존공영) 共存共荣 함께 **共** 있을 **存** 영화 **榮**

함께 살고 함께 번영(繁榮)함. 함께 잘 살아감.

❷ 安居樂業(안거낙업) 安居乐业 편안할 **安** 머물 **居** 즐거울 **樂** 업 **業**

생활에 만족하면서 즐거운 마음으로 일함.

「편안히 살고 즐겁게 일한다」라는 뜻으로, 지금의 생활에 만족하면서 즐거운 마음으로 일하는 것을 비유하는 말이다.

노자기우도(老子騎牛圖, 明 장로)

이 말은 오늘날 널리 쓰이고 있는 말이다. 춘추시대 노자(老子)가 말한 「그 풍속에 맞춰 편안하게 지내고 자신의 생업에 즐거워한다(安其俗 樂其業)」는 말에서 유래한 것이다. 노자의 이 말은 노자의 다른 판본에서는 「그 거처를 편안히 여기고 그 일을 즐거워한다(安其居樂其業)」로 되어 있다.

《장자》에는 「그 풍속을 즐거워하고 그 거처를 편안히 여긴다(樂

其俗 安其居)」로 되어 있는데, 모두 다 안거낙업의 초기 형태라고 할 수 있다.

장 자

그런데 당시 노자 등의 이러한 논조는 여러 고장의 백성들이 자급자족할 수 있다면 서로 교류하지 않아도 무방하다는 의미가 내포된 것이었는데, 오늘날의 입장에서 본다면 이런 폐쇄적인 경제관은 재고의 여지가 있다고 할 것이다.

그렇기 때문에 한(漢)나라 때의 역사가 사마천은 그의 저서 《사기》 화식열전(貨殖列傳)에서 노자의 이러한 견해에 찬성하지 않았던 것이다.

그러나 같은 한나라 때의 역사가인 반고(班固)는 그의 저서 《한서》 화식전에서 노자의 논리를 인용해서 「그 거처를 편안히 여기고 그 일을 즐거워한다(安其居而樂其業)」고 했는데, 이것은 안거낙업과 매우 유사한 논리라고 할 수 있다.

그 밖에도 《한서》 곡영전(谷永傳)에는 안가낙업(安家樂業)이라는 말이 나오고 있으며, 《삼국지》 위지 가후전에는 안토낙업(安土樂業)이라는 말도 쓰이고 있는데, 모두 다 안거낙업과 같은 뜻이다.

이 말이 처음 정식으로 출현하게 된 것은 후한(後漢) 때 사람인 중장통(仲長統)이 자신의 글에서 「편안히 거처하면서 생업에 만족하여 길이 자손들을 먹여 살리면 천하가 편안해질 것이다(安居樂業 長養子孫 天下晏然)」라고 한 때부터로 생각된다.

③ 十目所視 (십목소시)

十目所视　　열 十 눈 目 바 所 볼 視

세상 사람을 속일 수 없음.

십목(十目)은 열 눈이란 말이다. 그러나 열은 많다는 것을 나타내는 말로 많은 사람의 눈이란 뜻이다. 즉 무수한 사람들이 지켜보고 있는 것이 「십목소시」고, 여러 사람이 손가락질하는 것이 「십수소지(十手所指)」다. 《대학》 성의장에 있는 증자의 말이다.

「마음속에 진실함이 있으면 겉으로 드러난다」는 뜻으로, 「속으로 품은 순수한 마음은 숨기려고 하지만 저절로 밖으로 나타난다(誠中形外)」라고 하듯이, 마음속에 있는 것은 자연 밖으로 나타나기 마련이다.

증 자

맹자는 말하기를, 「그 눈동자를 보면 사람이 어떻게 속일 수 있으리오(觀其眸者 人焉廋哉 人焉廋哉)」라고 했다.

양심의 거울은 악한 사람의 가슴 속에서도 그의 눈동자를 통해 밖으로 비치기 마련이다.

성의장에는 말하기를, 「악한 소인들이 남이 보지 않는 곳에서는 갖은 못된 짓을 하면서, 착한 사람 앞에서는 악한 것을 숨기고 착한 것을 내보이려 하고 있다. 그러나 사람들이 자기를 보는 것이 자기 마음속 들여다보듯 하고 있는데 무슨 소용이 있겠느냐」라고 했다.

사람이 남의 속을 들여다보기를 자기 마음속 들여다보듯 한다고 한 말에는 많은 의문점이 있다. 그러나 이것은 전체 사람을 말하는 것은 아니다. 크게는 성인이요, 적게는 군자(君子)를 두고 하는 말이다.

그런데 이 성의장에는 신독(愼獨)이란 말이 두 번이나 거듭 나오고 있다. 여러 사람이 있는 앞에서보다 혼자 있을 때를 더 조심하는 것이 「신독」이다. 그것이 군자의 마음가짐이라는 것이다.

이 신독이란 말 다음에 증자의 말을 인용하고 있다. 즉 증자는 말하기를, 「열 눈이 보는 바요, 열 손가락이 가리키는 바니, 참으로 무서운 일이구나(十目所視 十手所指 其嚴乎)」라고 했다.

이것을 보통 우리가 흔히 말하는, 남이 지켜보고 손가락질한다는 뜻으로 풀이해 온 것이 지금까지의 실정이다. 그러나 살아 있으면 지금 백 살이 훌쩍 넘었을 신동 강희장(江希張, 1907?~1930?)은 그가 아홉 살 때 지은 《사서백화(四書白話)》에서 증자의 이 말을 다음과 같이 풀이하고 있다.

십목은 열 눈이 아닌 십방(十方)의 모든 시선을 말한다. 사람이 무심중에 하는 동작은 주위에 영향을 미치지 않는다. 그러나 마음에서 일어나는 파동(波動)은 하느님을 비롯한 모든 천지신명과 도를 통한 사람에게 그대로 전달된다.

이것을 불교에서는 심통(心通)이라고 말한다. 그러므로 홀로 있을 때의 생각처럼 가장 널리 알려지게 되는 것은 없다. 증자가 한 말은 근거가 있어 한 말이다. 공연히 무섭게 하기 위해 한 말이 아니다.

이 진리를 깨달은 사람이라면 남이 안 본다고 같은 나쁜 짓을 하며 나쁜 생각을 할 수 있겠는가. 천지신명이 항상 지켜보고 있다. 우리가 하는 일을 하나하나 지적하고 있다.

오늘날 심령과학자들은 이렇게 말하고 있다. 사람의 생각은 영파(靈波)로 움직인다. 그것은 전파의 속도와 같다. 그것을 통해 삽시간에 신명은 누가 무슨 생각을 하고 있는지를 알게 된다고.

❹ 各得其所(각득기소) 各得其所 각각 **各** 얻을 **得** 그 **其** 바 **所**

각자 그 능력이나 적성에 따라 적절히 배치되어 맡은 바를 다함.

모든 것이 그 있어야 할 곳에 있게 됨. 원래 사람들이 자기 분수에 맞게 하고 싶은 일을 해도 후에는 각자의 능력과 적성에 맞게 적절한 배치를 받게 되는 것을 이르는 말.

《한서》 동방삭전에 있는 이야기다.

한무제

전한(前漢)의 무제(武帝) 때 일이다. 무제의 여동생이 병으로 몸져 누웠을 때, 자기가 죽은 뒤에 아들 소평군(昭平君)이 만약 죄를 지어 사형당할 경우가 있을지라도 황제에게 돈을 바쳐 미리 그 죄를 갚게 해줄 것을 청원하였다. 황제는 그것을 받아들였고 얼마 뒤 여동생은 죽었다.

황제의 조카인 소평군은 황제의 딸과 결혼한 뒤 차츰 교만하고 횡포해지더니 술에 취해 관원을 때려죽이고 마침내는 체포되고 말았다.

동방삭

재판관은 난처했다. 죄는 마땅히 사형감이지만 피의자(被疑者)는 황제의 조카요 게다가 사위가 아닌가. 결단을 내리지 못한 재판관은 무제에게 어떻게 할 것인지를 아뢰었다.

무제도 난처하기는 다를 바가 없었다. 법을 거스를 수도 없고, 죽은 여동생과의 약속 또한 지키지 않을 수도 없는 일이었다. 대신들은 한결같이 말했다.

「이미 죄는 대속(代贖)되었으므로 사면함이 옳은 줄로 아옵니다」

무제가 말했다.

「비록 내 사위라 하지만 법을 어긴 자를 그대로 두면 백성들의 원성을 들을 것이다」

그러고 나서 무제는 법률에 따라 사형을 명했다. 그때 동방삭(東方朔)이 술잔을 바치며 말했다.

「상벌이 공정하니 이는 천하의 복입니다」

무제는 아무 말 없이 안으로 들어가 버렸다. 그날 저녁 황제는 동방삭을 불렀다.

「내 마음을 이해하지 못하다니, 그대는 정말 밉살스럽구려」

「신은 폐하의 공명정대함을 찬양하고 슬픔을 위로해 드리기 위해 술잔을 바쳤을 따름입니다」

재치있는 동방삭의 말에 무제는 이전의 관직을 되돌려주고 비단 백

필을 내려 더욱 총애했다. 동방삭은 무제 때 태중대부, 중랑 등을 거친 전한의 학자 · 정치가로 널리 제자백가의 설에 달했으며, 무제를 가까이에서 모시면서 해학 · 변설 · 풍간(諷諫)으로 군주의 잘못을 고쳐나가게 했다.

속설에 태백성(太白星)의 정기를 타고나 서왕모(西王母)의 천도복숭아를 먹어 장수하였다 하여 「삼천갑자(三遷甲子) 동방삭」이라고 부른다.

서왕모

⑤ 籍甚無竟 (자심무경)

籍甚无竟 떠들썩할 **籍** 심할 **甚** 없을 **無** 다할 **竟**

명성이 자자하게 퍼져 끝이 없다. 《천자문》에 있는 말이다.

「영달과 공업 쌓는 일이 기초가 된다면, 명성은 자자하게(떠들썩하게) 퍼져 끝이 없을 것이다(榮業所基 籍甚無竟)」

영광스런 사업을 성취하는 일은 어렵고도 험한 길을 거쳐야 이룰 수 있다. 그리고 성취에는 기인하는 바가 있게 마련이며, 그래야만 명성이 널리 퍼져 후세에까지 자자하게 되는 것이다.

모든 언행을 삼가고 구차함이 없이 지성으로 일관하여 시종 착하고 아름답게 하는 것이 영달의 기인(基因)이다. 이러한 기인이 있으면 출세는 저절로 이루어진다. 또 그런 사람이라야 후세에 이르기까지 군건히 영광스런 사업을 지켜 갈 것이다.

「명성은 끝이 없을 것(籍甚無竟)」이라는 말은, 「덕이 세워지면 이름이 서게 되듯(德建名立)」 열심히 노력하고 자신을 닦는다면 명성을 얻는 것은 물론 그 명성은 끝이 없을 것이라는 말이다.

❻ 甚囂塵上 (심효진상) 甚囂尘上 심할 甚 왁자지껄할 囂 먼지 塵 위 上

「몹시 시끄럽고 먼지가 부옇게 일어나다」라는 뜻으로, 원래는 전투준비에 바쁜 병영의 모습을 묘사한 말이었는데, 나중에는 의논이 분분하거나 여론이 떠들썩한 것을 비유하는 말로 쓰이게 되었다. 지금은 보통 극우적인 언론이 기승을 부리거나 여론을 호도하는 방송 잡지가 판을 치는 상황을 가리킨다.

《춘추좌씨전》 성공 16년에 다음과 같은 이야기가 실려 있다.

춘추시대 초나라와 진(晋)나라가 언릉(오늘의 하남성 일대)에서 싸울 때의 일이다. 싸움을 시작하기 전에 초공왕(楚共王)과 태제 백주리(伯州犁)가 전차에 올라 진나라 진영을 바라보면서 서로 이야기를 주고받았다.

「진나라 진영에서 말을 타고 왔다 갔다 하는 건 누구고 무엇을 하고 있는 것인가?」

「장수들을 불러 모으는 것이 아니겠습니까?」

「장수들이 꽤 많이 모였군」

「지금 작전을 상의하고 있는 것 같습니다」

「장막은 왜 치는 것인가?」

「조상에게 제사를 지내 승전을 기구하는 줄 알고 있습니다」

「장막은 왜 거두는 것이오?」

「곧 전투명령을 내릴 듯합니다」

「큰 소리로 떠들고 먼지가 뽀얗게 이는 것(甚囂且塵上矣)은 무엇 때문인가?」

「지금 막 진을 치려고 하는 것 같습니다」

이렇게 초공왕과 백주리가 보았듯이 진나라 군대는 질서가 정연하고 사기가 높았던 것이다. 아니나 다를까 싸움이 시작되자 진나라 군대는 노도와 같이 밀려들어 초나라 군대를 여지없이 격파하고 말았다. 이런 이야기 중에 나온 「심효차진상」이라는 말이 나중에 줄어서 「심효진상」이 되었다.

❼ 暮夜無知 (모야무지) 暮夜无知 저녁 **暮** 밤 **夜** 없을 **無** 알 **知**

양 진

뇌물이나 선물을 몰래 줌.

「어두운 밤이어서 아무도 알지 못한다」라는 뜻으로, 깊은 밤중에 하는 일이라서 보고 듣는 사람이 없기 때문에 알 사람이 없다는 것을 말한다.

세상 사람들은 아무도 모르는 비밀이라고 흔히들 말한다. 그러나 당사자인 두 사람과 천지신명은 이를 알고 있을 것이다. 낮말은 새가 듣고 밤 말은 쥐가 듣는다는 것과 같은 의미의 차원이 다른 생각이라 말할 수 있다.

《후한서》 양진전에 있는 이야기다.

양진의 사지(四知)

후한 사람 양진(楊震)은 그의 해박한 지식과 청렴결백으로 관서공자(關西公子)라는 칭호를 들었다고 한다. 그가 동래태수로 부임할 때의 일이다. 그는 부임 도중 창읍(昌邑)이란 곳에서 묵게 되었다. 이때 창읍 현령인 왕밀(王密)이 그를 찾아왔다. 그는 양진이 형주자사로 있을 때 무재(茂才 : 재주가 뛰어난 사람. 수재)로 추천한 사람이었다.

밤이 되자 왕밀은 품속에 간직하고 있던 10금(金)을 양진에게 주었다. 양진이 이를 거절하면서 좋게 타일렀다.

「나는 당신을 정직한 사람으로 믿어 왔는데, 당신은 나를 이렇게 대한단 말인가?」

그러자 왕밀이 말했다.

「지금은 밤이라 아무도 아는 사람이 없습니다(暮夜無知者)」

왕밀은 양진이 소문날까 두려워하는 것으로 여겼다. 그러자 양진은 그를 나무랐다.

「아무도 모르다니, 하늘이 알고 땅이 알고 그대가 알고 내가 아는데, 어째서 아는 사람이 없다고 한단 말인가?(天知地知爾知我知怎說無知)」

이에 왕밀은 부끄러워 금을 가지고 돌아갔다.

❽ 有志竟成 (유지경성)

有志竟成 있을 **有** 뜻 **志** 다할 **竟** 이룰 **成**

「유지자사경성(有志者事竟成)」이라고 한다. 「뜻이 있는 사람은 결국 이룬다」라는 뜻으로, 이루고자 하는 뜻이 있는 사람은 반드시 성공한다는 것을 비유하는 말이다.

《후한서》 경엄전에 있는 이야기다.

경 엄

동한(東漢) 때 경엄(耿弇)이라고 하는 글 읽는 선비가 있었다. 하루는 고을의 무사가 군마(軍馬)를 훈련시키는 것을 보고는 일사불란하게 정연하고 위무가 당당해 마음속으로 대단히 흠모하였다. 마침내 그는 장차 말을 타고 싸움터를 달리는 군사가 될 뜻을 세웠다.

그리고 그 기회가 마침내 찾아왔다. 그 때 유수(劉秀)가 북방에서 군사를 모집하고 있었는데, 경엄이 이 소식을 듣고 문필을 버리고 무예에 종사하게 되었다. 그리고 유수를 위해 혁혁한 전승을 기록했고 적잖은 전공을 세웠다.

한번은 그가 명을 받들어 장보(張步)를 치러 갔다. 당시 장보의 병력이 힘이 세 강대한 적수였다. 장보가 경엄이 병력을 이끌고 자기를 치러 온다는 말을 듣고 몇 개의 중요한 고갯길과 지세가 험한 요새에 미

광무제 유수

리 투병하여 진을 쳐 놓고 이에 맞아 싸울 준비를 철저히 해놓았다.

그러나 뜻밖에도 경엄은 진두지휘하는 용맹스런 장수라 그의 부하 병력들이 성난 용호와도 같이 용감히 앞으로 나서서 분전을 하니 일로 파죽지세로 몇 개의 성이 여지없이 함락되어 장보의 군졸들은 갑옷을 벗어버리고 병기를 질질 끌면서 기진맥진하여 달아나고 말았다.

장보는 패전의 소식을 전해 듣고는 놀라지 않을 수 없었다. 그리하여 친히 정예부대를 이끌고 경엄에게 맞섰다. 쌍방의 대군은 임치 동성 밖에서 싸움이 벌어졌다. 이 싸움에서 경엄은 사방에서 날아드는 화살에 다리를 맞아 피가 비 오듯 흘렀다.

그러나 자신의 상처는 탓하지 않고 기백을 살려 조금도 두려움 없이 부하를 이끌고 용감히 싸웠다. 유수는 장보가 대군을 이끌고 경엄을 치고 있다는 소식을 듣고 적은 병력으로 싸우는 경엄이 실의에 차 있을까 염려되어 친히 병력을 거느리고 증원하러 갔다. 그 때 경엄의 부하가 건의를 했다.

「장군, 장보의 군력이 많고 강하여 사기가 무지개같이 떨쳐 있으니 잠시 후퇴하여 장군의 상처를 치료하고 국왕 폐하의 구원병이 온 다음에 다시 출병하여 싸우심이 어떠하리오!」

그러자 경엄이 상기된 표정으로,

「우리가 마땅히 소를 잡고 술을 차려놓고 국왕 폐하를 성대하게 맞이해야 할 텐데 어찌 다 섬멸치 못한 적을 남겨 두겠나?」 하고 호통을 쳤다.

그리하여 다시 군사를 이끌고 나아가 장보와 결전을 치른 결과 장보는 크게 패하여 달아나고 말았다.

얼마 안 가서 유수가 임치에 도착하여 음식과 술과 재물로 공을 세운 군사들을 치하하고 위로하여 경엄에게 찬사를 아끼지 않았다.

「옛날에는 한신(韓信)이 역하(歷下)를 함락시켜 한 나라의 기초를 이룩하더니, 오늘은 그대가 축아(祝阿)를 공략하여 천하의 일을 평정하였으니 그대야말로 『뜻있는 사람은 끝내 성공을 할 수 있다(有志者事竟成)』는 말의 귀감이 되었구려」

39. 學優登仕 攝職從政 学优登仕 摄职从政

(학우등사 섭직종정)

❶ 曲學阿世 (곡학아세)

❷ 優孟衣冠 (우맹의관)

❸ 羽化登仙 (우화등선)

❹ 學優登仕 (학우등사)

❺ 攝政 (섭정)

❻ 封庫罷職 (봉고파직)

❼ 三從之道 (삼종지도)

❽ 苛政猛於虎 (가정맹어호)

풀이

❶ 曲學阿世 (곡학아세)

曲学阿世 굽힐 **曲** 배울 **學** 아부할 **阿** 세상 **世**

자기가 배운 것을 올바로 펴 볼 생각은 않고, 자기의 배움을 굽혀 가면서 세상의 비위에 맞추어 출세하려는 그런 태도나 행동.

《사기》 유림열전(儒林列傳)에 있는 이야기다.

한경제(漢景帝, BC 157~141) 때 학자로 《시경》에 능통해 박사(博士)가 된 원고(轅固)란 사람이 있었다. 원고는 성품이 강직한 사람으로, 옳다고 생각하면 목에 칼이 들어와도 두려워하지 않고 할 말을 했다. 경제의 어머니 두태후(竇太后)는 노자(老子)의 숭배자였다. 언젠가 원고가 박식이란 얘기를 전해들은 두태후는 그를 궁중으로 불러들여 《노자》의 내용에 대해 물었다.

「그댄 노자를 어떻게 생각하는가?」

「노자는 머슴이나 노예와 같은 보잘것없는 사나이입니다. 그러니까 그가 말하는 것은 다 멋대로 떠들어대는 말에 지나지 않습니다. 적어도 천하 국가를 논하는 인물이 문제시할 가치가 있는 자가 되지 못합니다」 하고 조금도 거리낌 없이 말했다. 과연 태후는 크게 노했다.

「이 발칙한 놈, 노자를 가짜 취급하다니, 이놈을 곧 하옥시켜라」

옥에 갇힌 원고는 벌로서 매일 돼지를 잡는 일을 하게 되었다. 태후로서는 90이 넘는 노인에게 돼지 잡기란 어려울 것이다, 못하면 못하는 대로 다시 다른 벌을 줄 구실이 된다, 라는 생각에서였다. 심술궂은 늙은이의 생각이란 이제나 옛날이나 변함이 없는 것 같다.

그런데 딱하다고 생각한 것은 황제였다. 예리한 칼을 옥중에 있는 원

한경제

고에게 주어 돼지를 찌르게 했던 바, 단 한 번에 용하게도 돼지의 심장을 찔러 돼지는 쿵 하고 쓰러졌다. 이 말을 들은 태후는 원고의 울상도 보기가 민망한데다가 자기 아들이라고는 하나 황제가 그를 두둔하는 데는 더 이상 원고를 괴롭힐 수 없다고 마지못해 원고를 옥에서 풀어 주었다.

이 겁 없고, 권력을 두려워하지 않고 직언하는 태도에 탄복한 황제는 원고를 삼공(三公)의 하나인 청하왕(淸河王)의 태부(太傅)로 임명했다. 원고는 오랫동안 태부의 자리에 있다가 병으로 그 자리를 물러났다.

경제의 다음 황제인 무제(武帝, BC 147～87)가 즉위하자, 원고를 현량(賢良)으로 발탁하여 조정으로 불러올렸다. 그러나 아첨을 일삼는 무리들은 원고의 입바른 소리가 무서워 그를 어떻게든지 밀어내려 했다. 그때 원고의 나이 벌써 아흔이 넘어 있었기 때문에 그들은 일제히,

「원고는 이제 너무 늙어서 아무 일도 볼 수가 없습니다」 하며 맞장구를 쳐가며 그를 헐뜯었다. 무제는 그를 파면시켜 집으로 돌려보내고 말았다. 원고가 조정으로 불려 올라왔을 때, 음흉한 공손홍(公孫弘)도 함께 불려 올라오게 되었는데, 공손홍은 원고의 바른 말이 무서워 그를 몹시 꺼려했다. 그 공손홍을 보고 원고는 이렇게 말했다.

「……배운 것을 올바로 말하기를 힘쓰고, 배운 것을 굽혀 세상에 아

부하는 일이 없도록 하게(務正學以言 無曲學以阿世)」

❷ 優孟衣冠 (우맹의관) 优孟衣冠 뛰어날 **優** 맏 **孟** 옷 **衣** 갓 **冠**

「우맹이 의관을 차려 입다」라는 뜻으로, 사람의 외형만 같고 그 실은 다름을 비유하는 말. 곧 사이비한 것을 이르는 말. 또는 문학작품에 예술성이 전혀 없음을 이르는 말이다. 「우맹의관」은 우맹(優孟)이 손숙오(孫叔敖)의 의관을 입었다는 뜻이다.

춘추시대 초(楚)나라의 악인(樂人) 우맹의 고사에서 유래되었다. 우맹은 풍자하는 말로써 사람들을 잘 웃겼다. 초나라 재상 손숙오(孫叔敖)는 우맹의 현명함을 잘 알고 있어 그를 후대했다. 손숙오가 병에 걸려 죽게 되었을 때, 아들에게 이렇게 유언했다.

「내가 죽고 나면 너는 틀림없이 가난하게 될 것이다. 그때에는 우맹을 찾아가서 『저는 손숙오의 아들입니다』라고 말하거라」

몇 해가 지나자 손숙오의 아들은 과연 가난해져서 나무를 짊어지고 다니며 팔아서 생활을 하지 않으면 안 되게 되었다. 그래서 그는 우맹을 찾아갔다.

「저는 손숙오의 아들입니다. 아버지가 돌아가시기 전 저를 보고 가난해지거든 선생님을 찾아뵈라는 말씀을 남기셨습니다」

우맹은 이때부터 손숙오처럼 의관을 갖추고 몸짓과 말투를 흉내 내기 시작하여 1년쯤 지나자 손숙오와 똑같이 행동할 수 있었다.

우맹은 장왕이 베푼 주연에 참석하여 만수무강을 축원하였다. 장왕은 크게 놀라며 손숙오가 다시 살아온 것으로 여기고 그를 재상으로 삼

손숙오

으려고 하였다. 그러자 우맹이 말했다.

「바라건대 집에 돌아가서 처와 의논하고 나서 사흘 뒤에 재상이 되도록 해주십시오」

장왕이 그렇게 하라고 허락하자, 사흘 뒤에 우맹이 다시 어전에 나타났다. 장왕이 물었다.

「그대의 처는 무엇이라고 말하던고?」

우맹이 말했다.

「처는 저에게 『신중히 생각하여 재상 자리를 맡지 않는 편이 좋을 것입니다. 손숙오 같은 분도 초나라 재상으로서 충성을 다하시고 또 청렴결백하게 초나라를 다스렸습니다. 그 때문에 대왕께서는 패자(霸者)가 되실 수 있었습니다. 그러나 손숙오 공께서 돌아가시니 그분의 아드님은 송곳을 꽂을 만한 땅도 없고(立錐之地), 곤궁에 빠져 나무장사를 해서 생활을 하고 있습니다. 만약 손숙오 공처럼 되어야만 하는 것이라면 스스로 목숨을 끊는 편이 낫습니다』 라고 말했습니다」

그래서 장왕은 우맹에게 사과하고 손숙오의 아들을 불러들여 침구(寢丘)의 땅 4백 호에 봉하고 아버지의 제사를 받들게 했는데, 그로부터 10대 동안 자손이 끊이지 않았다. 이것은 우맹이 말할 시기를 잘 알고 있었던 까닭이다. 그럴 듯하게 꾸며서 진짜인 것처럼 행세하는 경우 또는 예술작품에서 남의 것을 모방하여 독창성과 예술성이라고는 전혀 없는 경우, 배우가 등장하여 어떤 일을 풍자하는 경우 등을 비유하는 성어로 사용된다.

❸ 羽化登仙(우화등선) 羽化登仙 깃 **羽** 화할 **化** 오를 **登** 신선 **仙**

「우화(羽化)」는 번데기가 날개 있는 벌레로 변하는 것을 말한다. 그래서 알몸뚱이 사람이 날개가 돋쳐 신선이 되어 하늘로 올라가는 것을 「우화등선」이라고 한다.

적 벽

이 말은 유명한 소동파(소식)의 「전적벽부」에 있는 말이다.

「전적벽부」는 22세라는 젊은 나이에 구양수(歐陽修, 1007~1112)에 의해 과거에 급제하고, 동생 소철(蘇轍), 아버지 소순(蘇洵)과 함께 삼소(三蘇)로 불렸던 소식의 문재(文才)가 유감없이 과시된 작품이다.

송나라 신종(神宗) 원풍(元豊) 5년 7월에 동파는 양자강의 명승지인 적벽에서 놀았다. 그는 3년 전에 천자를 비방했다는 죄로 귀양을 가게 되었는데, 그가 귀양 온 곳이 바로 이 적벽 근처였다.

송대(宋代)는 불교의 사상, 특히 선(禪)의 영향이 컸던 시대다. 동파도 귀양살이를 하는 동안 불교와 도교의 학설을 좋아하게 되었다.

삼소(소순, 소식, 소철)

「전적벽부」가 사람들의 절찬을 받고 있는 것은 이 글 속에 불교와 도교의 사상적인 깊이가 깃들어 있기 때문이기도 하다.

이 글의 부분 부분을 소개하면 이런 것들을 들 수 있다.

「임술년 가을 7월 16일, 소자(蘇子 : 소동파 자신을 말한다)는 손과 함께 배를 띄워 적벽 아래서 놀게 되었다. 맑은 바람이 조용히 불어와서 물결마저 일지 않았다. 술을 들어 손을 권하며 명월(明月)의 시를 읊고, 요조(窈窕)의 글을 노래 불렀다. 조금 있으니 달이 동산 위에 떠올라 별 사이를 거쳐 가고 있었다. 흰 이슬이 강에 내린 듯 물빛은 하늘에 닿아 있었다. 갈대 같은 작은 배에 내맡겨 만 이랑 아득한 물 위를 거침없이 떠간다. 훨훨 허공에 떠 바람을 타고 그칠 바를 모르듯, 훌쩍 세상을 버리고 홀몸이 되어 날개를 달고 신선이 되어 하늘로 오르는 것만 같다(飄飄乎如遺世獨立 羽化而登仙). ……소자가 말했다. 『손님도 저 물과 달을 아시지요. 이렇게 흐르고 있지만 언제나 그대로요. 저렇게 둥글었다 이지러졌다 하지만 끝내 그대로가 아닙니까. 변하는 측면에서 보면 하늘과 땅도 한 순간을 그대로 있지 않고, 변하지 않는 측면에서 보면 만물이나 나나 다할 날이 없는 겁니다. 세상에 부러울 것이 무엇입니까』 ……손이 기뻐 웃으며 잔을 씻어 다시 술을 권했다. 안주와 과일이 이미 없어지자 술잔과 접시들이 마구 흐트러진 채 서로가 서로를 베고 배 안에서 잠이 들어 동쪽 하늘이 훤히 밝아 오는 것도 모르고 있었다」

한 시대를 호령했던 영웅호걸도 결국 죽고 나면 덧없이 사라지는 것을 슬퍼하는 객에게 다함이 없는 자연을 벗 삼아 살아가면 그 즐거움이 어떻겠느냐는 주장을 담고 있는 것이 이 작품의 줄거리다. 인생은 유한하지만 무한한 자연과 일심동체가 된다면 그것이 진정한 기쁨이라고 소식은 다짐하는 것이다. 그가 물아일체(物我一體)의 황홀경 속에서 날아 신선이 된다고 생각하여 적은 글귀가 성구 「우화등선」으로 남게 되었다.

이 글은 《고문진보》 후집에 나오는데, 이 글 속에 나오는 무수한 문자들이 모두 다 즐겨 사람의 입에 오르내리는 것들이다.

소동파

❹ 學優登仕(학우등사) 学优登仕 배울 學 넉넉할 優 오를 登 벼슬할 仕

배우면서 남은 힘이 있으면 벼슬에 오른다.

《천자문》에 있는 말이다.

「배우면서 여유가 있으면 벼슬에 오르고, 관직을 맡아 나라 다스리는 일에 참여한다(學優登仕 攝職從政)」

배우고 여유가 있으면 벼슬길에 올라, 직책을 갖고 정치에 참여할 수 있다.

《논어》 자장(子張)편에 있는 자하(子夏)의 말이다.

자 하

「벼슬을 하면서도 여유가 있으면 학문을 닦고, 학문을 닦다가도 여유가 있으면 벼슬을 한다(仕而優則學 學而優則仕)」

학문을 닦아 실생활에 적용하는 것은 필요한 일이며, 따라서 일에 나아가기 전에 학문을 닦음은 물론 일에 종사하는 동안에도 틈틈이 학문을 닦아야 한다. 그러나 아무리 잘 배워서 실력이 뛰어나다 하더라도 덕행이 따르지 않으면 안된다. 덕이 없으면 사리사욕을 채우는 데 재주를 쓰기 때문이다.

❺ 攝政(섭정) 摄政

당길 **攝** 정사 **政**

군주국가에서 국왕이 어려서 즉위하거나, 병 또는 그 밖의 사정이 생겼을 때 국왕을 대리해서 국가의 통치권을 맡아 나라를 다스리는 일 또는 그 사람.

왕세자에 의한 섭정은 대리청정(代理聽政), 대비(大妃) 등 여자의 경우는 수렴청정(垂簾聽政), 신하가 하는 경우는 섭정승(攝政丞)이라 하였고, 아무런 명칭도 없이 섭정을 한 경우도 많았다. 특히 대비에 의해서 행하여진 수렴청정이 많았다.

❻ 封庫罷職

봉고파직

封库罢职　봉할 **封** 창고 **庫** 그만둘 **罷** 벼슬 **職**

부정을 저지른 관리를 파면하고 관고를 봉하여 잠금.

어사(御史)나 감사(監司)가 부정한 관리를 파면하고, 그 창고를 봉하여 잠그는 것을 가리킨다. 관가의 창고를 봉하여 잠근다는 것은 실질적으로 관리의 업무수행을 정지시키는 것을 의미한다.

마패(馬牌 : 관리의 출장에 말을 징빙할 수 있는 증빙 수단)

왕의 밀명으로 파견되었던 어사는 지방을 다니면서 관리들의 잘잘못을 살핀 뒤, 어진 관리는 청백리(淸白吏)라고 하여 상을 주고, 탐관오리(貪官汚吏)는 봉고파직을 시켰다.

어사가 출도하면 사열문박(查閱問迫)・반열창고(返列倉庫)・심리원옥(審理寃獄)・유치죄인(留置罪人) 등으로 수령의 업무에 대한 적정여부를 확인하였다.

불법사실이 발견되면 불법문서의 현착(現捉)→봉고(封庫)→서계(書啓)→파직(罷職)의 4단계를 거쳐서 처리하였다.

이와 비슷한 고사성어로는 봉고파출(封庫罷黜)이 있다.

❼ 三從之道 (삼종지도) 叁从之道 석 三 따를 **從** 의 **之** 도리 **道**

봉건시대에 여자가 지켜야 할 세 가지 예의 도덕.

어렸을 때는 어버이를 좇고, 시집가서는 남편을 좇고,

남편이 죽은 뒤에는 아들을 좇음.

봉건사회에 있어서 남녀의 불평등 가운데 가장 말썽이 되어 온 것이 「삼종지도」와 칠거지악(七去之惡)이다.

「삼종지도」는 여자가 평생을 통해 남편을 좇아야 되는 세 가지 길이란 뜻이다. 같은 뜻의 말로 「삼종지덕(三從之德)」, 「삼종지의(三從之義)」, 「삼종지례(三從之禮)」 등 여럿이 있다.

《예기(禮記)》에, 「여자는 세 가지 좇는 길이 있으니, 집에서는 아비를 좇고, 시집가서는 남편을 좇고, 남편이 죽으면 아들을 좇는다(女子有三從之道 在家從父 適人從夫 夫死從子)」라고 되어 있다.

즉 여자는 시집을 가기 전 집에 있을 때는 아버지의 명령과 지시에 따라야 하고, 남의 집으로 시집을 가게 되면 남편의 의사와 처리에 순종해야 하고, 남편이 죽은 뒤에는 아들에게 모든 것을 맡겨야 한다는 뜻이다. 결국 여자는 평생 자기 뜻을 고집해서는 안된다는 이야기다.

우리 호적법(戶籍法)을 보면 짐작할 수 있듯이, 말로는 남녀평등을 부르짖고 있지만, 여전히 이 삼종지도의 전통이 뿌리깊이 남아 있다고 볼 수 있다.

「칠거지악」은 「삼종지도」보다 여자에게는 더 가혹한 것이었다.

❽ 苛政猛於虎 (가정맹어호)

苛政勐于虎

가혹할 **苛** 정사 **政** 사나울 **猛** 어조사 **於** 범 **虎**

정치가 잘못 되어 사람을 해치는 것은 호랑이가 사람을 잡아먹는 것보다 더욱 견디기 힘들다는 뜻으로, 그릇된 정치의 폐해를 지적하는 성구다.

《예기》에 나오는 공자의 말 가운데 「가혹한 정치(苛政)는 범보다 무섭다」고 한 말이 있다.

공자성적도(孔子聖蹟圖)

하루는 공자가 제자들과 함께 태산 부근을 지나가고 있었다. 그곳은 사람들이 그리 많이 다니는 길 같지는 않았다. 그 때 어디선가 여인의 울음소리가 들려왔다. 이상하게 여긴 제자들이 울음소리를 따라가 보았다. 그곳에는 한 부인이 세 개의 무덤 앞에서 슬피 울고 있는 것이었다. 공자는 수레에 조용히 앉아 있다가 제자인 자로(子路)를 보내 연유를 물어 보라고 했다.

「부인의 울음소리를 가만히 들으니, 아무래도 여러 번 슬픈 일을 당한 것 같은데, 무슨 사연이라도 있습니까?」

부인은 울음을 그치고 대답했다.

「네, 이곳은 범의 피해가 아주 심한 곳입니다. 오래 전에는 제 시아버

자 로

지께서 범에게 물려 돌아가셨고, 얼마 전에는 제 남편 또한 범에게 물려 죽었는데, 이번엔 제 자식이 또 범에게 물려 죽고 말았습니다」

공자는 부인의 말을 듣자, 「그러면 어째서 이 무서운 고장을 떠나지 못하는 거요?」하고 반문했다. 그러자 부인이 대답했다.

「그래도 이 고장에는 가혹한 정사(政事)가 없기 때문이지요」

공자는 자못 느낀 바가 있어 제자들을 유심히 둘러본 뒤 말했다.

「너희들은 명심해 두어라. 가혹한 정치는 백성들이 범보다도 더 무서워한다는 것을」

가혹한 정치란, 백성들을 달달 볶아 못 견디게 하는 정치를 말한다.

「가렴주구(苛斂誅求)」란 바로 「가정(苛政)」의 구체적인 설명이라 하겠다. 낼 힘도 없는데 시도 때도 없이 거둬들이는 것이 「가렴」이고, 정당한 법적 근거도 없이 강제성을 띤 요구가 「주구」다.

범에게 물려 죽을 때는 죽더라도 우선 아침저녁으로 시달릴 걱정을 않게 되니 순진하고 선량한 백성들은 첫째 마음이 편한 것이다.

이 이야기의 배경은 춘추시대 말엽이다. 이때 노(魯)나라에서는 대부 계손씨(季孫氏)가 조정의 실권을 쥐고 흔들며 혹독한 정치를 하고 있었다. 이렇다 보니 자연 백성들은 덜 가혹한 지방을 찾아 이곳저곳으로 내몰리게 되고 말았다.

위정자를 잘못 만나면 도무지 피해나갈 구멍도 없이 수탈을 당하는 일이 예사였다. 범이야 조심하면 되지만 가렴주구는 조심해서 될 일이 아니기 때문이다.

이 같은 이야기의 당나라 판이라고도 할 문장이 있다. 그것은 당송팔대가의 한 사람인 유종원(柳宗元, 773~819)의 《포사자설(捕蛇者說)》이다. 이것은 사나운 뱀의 이야기로서 공자의 말을 인용하고 나서 「아아, 누가 가렴주구의 해독이 이 사나운 뱀보다 더 심하다는 것을 알랴!」 하고 끝을 맺고 있다.

유종원

40. 存以甘棠 去而益詠 存以甘棠 去而益咏

(존이감당 거이익영)

❶ 齒(치) 亡(망) 舌(설) 存(존)

❷ 以(이) 卵(란) 擊(격) 石(석)

❸ 苦(고) 盡(진) 甘(감) 來(래)

❹ 甘(감) 棠(당) 遺(유) 愛(애)

❺ 去(거) 者(자) 日(일) 疎(소)

❻ 勞(노) 而(이) 無(무) 功(공)

❼ 多(다) 多(다) 益(익) 善(선)

❽ 詠(영) 雪(설) 之(지) 才(재)

풀이

❶ 齒亡舌存 (치망설존)

齿亡舌存　　이 **齒** 망할 **亡** 혀 **舌** 있을 **存**

「이는 빠져도 혀는 남아 있다」라는 뜻으로, 강한 자는 망하기 쉽고 유연한 자는 오래 존속됨을 비유하는 말이다.

한(漢)나라 때 유향(劉向)이 지은 《설원(說苑)》에 실려 있는 노자(老子)와 상창의 고사에서 유래되었다.

노자는 병석에 누운 스승 상창(常摐)을 찾아뵙고 말했다.

「선생님께서 병이 깊으시니 제자에게 남기실 가르침은 없으신지요?」

노자기우도(老子騎牛圖, 청 진홍수)

상창이 말했다.

「고향을 지나갈 때에는 수레에서 내리도록 하여라」

노자는 그 뜻을 알아듣고 대답했다.

「고향을 잊지 말라는 말씀이시지요」

상창이 다시 일렀다.

「높은 나무 아래를 지나갈 때에는 종종걸음을 하여라」

노자가 대답했다.

상창과 노자

「어른을 공경하라는 말씀이시지요」

상창은 또 자기 입을 벌려 노자에게 보여주며 말했다.

「내 혀가 아직 있느냐?」

노자가 대답했다.

「그렇습니다」

상창이 다시 물었다.

「내 이가 아직 있느냐?」

노자가 대답했다.

「다 빠지고 없습니다」

상창이 물었다.

「왜 그런지 알겠느냐?」

이에 노자가 대답했다.

「혀가 남아 있는 것은 그것이 부드럽기 때문입니다. 이가 다 빠지고 없는 것은 그것이 강하기 때문입니다(夫舌之存也 豈非以其柔耶 齒之亡也 豈非以其剛耶)」

상창은 말했다.

「세상의 모든 일이 이와 같으니, 너에게 더 해줄 말이 없다」

「치망설존」은 강한 자는 망하기 쉬워도 유연한 자는 오래 존속할 수 있음을 비유하는 일종의 처세의 교훈으로 사용된다.

「치폐설존(齒弊舌存)」이라고도 한다.

❷ 以卵擊石 以卵击石 써 以 알 卵 칠 擊 돌 石

(이 란 격 석)

아주 약한 것으로 강한 것을 공격하는 어리석음. 「달걀로 바위 치기」란 말로, 강약의 대비가 현저해서 지극히 약한 것으로 지극히 강한 것을 공격하면 반드시 실패한다는 뜻이다.

순 자

전국시대 조(趙)나라 사람 순자(荀子 : 이름은 況)는 어느 날 초나라 장수 임무군과 군사에 대해 의논하고 있었다. 이때 임무군은 무릇 장수란 「치고 빼앗고 변하고 속이는 것(攻奪變詐)」을 잘만 운용하면 천하무적이라고 하였다.

그러나 침략과 술수를 반대했던 순자는 인인지병(仁人之兵)을 주장하면서, 「권모술수로 공격하는 것은 제왕의 용병이 아니라 제후(諸侯)의 용병에 불과하다. 걸(桀)과 같은 폭군을 치려면 혹 권모(權謀)가 필요할지 모르겠으나, 그런 방법으로 요(堯)와 같은 성군(聖君)을 대하는 것은 마치 계란으로 바위를 치는 것(以卵投石)과 같고, 손가락으로 끓는 물을 휘젓는 것(以指撓沸)과 같으며, 물이나 불 속으로 뛰어드는 것과 같아서 넣자마자 불타고 빠져죽을 것이다」라고 말했다고 한다.

폭군이 불의의 군사로 성왕인 요임금의 의로운 군사들을 교묘한 술수를 부려 공격한다면 결과는 달걀로 바위 치기와 같다는 것이다.

《묵자(墨子)》 귀의편(貴義篇)에도 「이란투석(以卵投石)」 이라는 말이 나온다.

묵 자

전국시대 초기 송나라 사람 묵자가 어느 날 북방의 제(齊)나라로 가고 있었는데 한 점쟁이가 그의 앞을 막아서면서 말했다.

「지금 북녘의 하늘에 검은 기운이 서려있고 당신의 얼굴에 또한 검은 기운이 서려있으니 이것은 불길한 징조입니다. 북행을 해서는 안됩니다」

묵자는 터무니없는 소리라고 생각하고 계속 북쪽으로 향하여 치수(淄水)에 도착하였다. 그러나 이때 치수의 물 흐름이 너무 빨라 건널 수 없게 되자 묵자는 다시 돌아올 수밖에 없었다.

되돌아오는 묵자를 보고 그 점쟁이는 거만하게 굴며 묵자의 기분을 건드렸다. 묵자는 제나라에 가지 못하게 된 판국에 점쟁이의 비웃음까지 받게 되자 몹시 화가 나서 말했다.

「당신의 말은 근거 없는 미신이오. 당신의 말을 믿는다면 천하에 길을 걸을 수 있는 사람은 아무도 없을 것이오. 그러한 말로써 나의 말을 비난하는 것은 마치 계란으로 돌을 치는 것과 같소(以其言非吾言者 是猶以卵投石也). 천하의 계란을 다 없앤다 해도 돌은 깨어지지 않을 것이오」

❸ 苦盡甘來 (고진감래) 苦尽甘来 괴로울 **苦** 다할 **盡** 달 **甘** 올 **來**

고생이 끝나면 즐거움이 온다.

「고진감래에 흥진비래(興盡悲來)」라는 말이 있다. 「고생 끝에 낙이 오고, 즐거운 일이 다하면 슬픈 일이 닥쳐온다」는 뜻으로, 좋은 일과 궂은일은 덧없이 돌고 돈다는 말.

❹ 甘棠遺愛 (감당유애) 甘棠遗爱 달 **甘** 팥배나무 **棠** 남을 **遺** 사랑 **愛**

감 당

청렴결백하거나 선정(善政)을 베푼 사람을 그리워하는 마음.

주(周)나라 성왕(成王) 때 주공과 소공(召公)은 왕의 숙부로서 어린 성왕을 도와 왕조의 기반을 확립하였다. 무왕의 동생인 주공과 소공은 무왕의 아들로서 어린 나이에 왕위에 오른 성왕을 보필하여 정치를 보살폈다. 《시경》 소남편에 「감당(甘棠)」이라는 시가 있다.

우거진 감당나무
치지도 말고 베지도 말라
소백이 쉬던 곳이니라

蔽芾甘棠 勿剪勿伐 召伯所茇 폐불감당 물전물벌 소백소발

소공 석

어느 날, 소공은 남쪽을 순시하다가 한수(漢水) 상류의 한 마을을 방문하고, 백성들의 어려움을 해결하여 주었다. 그곳의 백성들은 매우 감동하여 자자손손 소공의 공을 잊지 못하였다고 한다.

주나라 역대 왕들의 치세가 점차 백성의 신망을 잃어갔는데, 특히 마지막 유왕(幽王)은 상나라의 주왕처럼 방탕과 폭정을 일삼는 사람으로서 백성들의 삶에는 전혀 관심이 없었다. 이로 인해 백성들은 조상 대대로 전해 내려오는 소공이라는 사람을 더욱 그리워하였던 것이다.

소공은 남쪽지방을 순시하면서 팥배나무 아래서 일을 처리하며 쉬기를 즐겼다. 그가 죽자 그 팥배나무는 소공수(召公樹)라 불리게 되었으며, 사람들이 나무 아래 모여 소공의 인정(仁政)을 기렸다.

❺ 去者日疎 (거자일소)

去者日疎　　갈 **去** 사람 **者** 날 **日** 트일 **疎**

한번 떠난 사람과는 시간이 지날수록 사이가 점점 멀어진다.

《문선》 잡시(雜詩)에 있는 고시(古詩) 19수 중 제14수 첫머리에 나오는 구절이다.

「한번 떠난 사람과는 시간이 지날수록 사이가 멀어지며, 이미 죽은 사람에 대한 기억도 세월이 흐르면 점차 잊혀진다」는 뜻이다.

떠나버린 사람과는 날로 뜨악해지고
산 사람과는 날로 친해진다.
곽문을 나서 바라보면
오직 보이는 것은 언덕과 무덤
옛 무덤은 갈아엎어져 논밭이 되고
소나무와 잣나무는 잘리어 땔감이 된다.
백양나무에는 구슬픈 바람이 일고
소연하게 내 마음을 죽이는구나.
옛 고향으로 돌아가고 싶어도
돌아갈 길 막막하니 어찌할거나.

去者日以疎　生者日以親　　거자일이소　생자일이친
出郭門直視　但見丘與墳　　출곽문직시　단견구여분
古墓犁爲田　松柏摧爲薪　　고묘리위전　송백최위신
白楊多悲風　蕭蕭愁殺人　　백양다비풍　소소수살인
思還故里閭　欲歸道無因　　사환고리려　욕귀도무인

죽은 사람은 잊혀 갈 뿐, 하지만 살아 있는 사람은 나날이 친해져 간다. 고을의 성문을 나서 교외로 눈을 돌리면 저편 언덕과 그 아래에는 옛 무덤이 보인다. 게다가 낡은 무덤은 경작되어 밭이 되고 무덤의 흔적도 남기지 않는다. 무덤 주위에 심어진 송백은 잘리어 땔나무가 되어 버렸겠지.

백양의 잎을 스쳐가는 구슬픈 바람소리는 옷깃을 여미게 하고 마음 속 깊이 파고든다. 그럴 때마다 고향으로 돌아가고 싶으나 정처 없이 떠돌아다니고 영락한 몸이라 돌아갈 수가 없다.

고시 19수 중 남녀 간의 정을 노래한 것으로 보이는 12수를 제외한 나머지 6수는 전부 이와 같은 인생의 고통과 무상을 노래한 것이다. 다시 말해서,

「인생천지 간에 홀연히 멀리 떠나가는 나그네와 같다」(제3수)

「인생 한 세상이란 홀연히 흩어지는 티끌과 같다」(제4수)

「인생은 금석(金石)이 아니다. 어찌 장수할 걸 기대하겠는가」(제11수)

「우주 천지간에 음양은 바뀌고 나이란 아침이슬과 같다」(제13수)

「인생 백을 살지 못하면서 천 년 살 것을 걱정한다」(제15수)

등을 들 수 있다.

여기 보이는 것은 적구(摘句)에 지나지 않으나, 어느 것이나 감정의 발현(發現)이란 점에서 볼 때 다시없으리만큼 아름답다.

❻ 勞而無功 (노이무공)

勞而无功 수고할 **勞** 말이을 **而** 없을 **無** 공 **功**

「노이무공」은 굳이 출전을 캘 것까지도 없는 쉬운 말이다. 애만 쓰고 애쓴 보람이 없다는 말이다.

장 자

《장자》 천운편에, 공자가 위(衛)나라로 갔을 때, 위나라 사금(師金)이란 사람이 공자의 제자 안연에게 공자를 이렇게 평했다.

「물 위를 가는 데는 배만한 게 없고, 육지를 가는 데는 수레만한 게 없다. 만일 물 위를 가는 데, 배를 육지에서 밀고 가려 한다면 평생 걸려도 몇 발자국을 가지 못할 것이다. 옛날과 지금과는 물과 육지처럼 달라져 있고, 주나라와 노나라와는 배와 수레만큼 차이가 있다. 그런데 지금 주나라 때에 행해지던 도를 노나라에서 행하려 하니, 이것은 배를 육지에서 미는 것과 같다. 애쓰고 공이 없을 뿐만 아니라 몸에 반드시 화가 미치게 될 것이다. 공자는 아직 사물에 따라 막힘이 없는 무한한 변화를 가진 도가 있다는 것을 모르고 있다」

또 《순자》 정명편(正名篇)에도,

「어리석은 사람의 말은 막연해서 갈피를 잡을 수 없고, 번잡하고 통일이 없으며, 그리고 시끄럽게 떠들어대기만 한다. 또 명목에 이끌리고,

말에만 현혹되어 참뜻을 캐내지 못하고 있다. 그렇기 때문에 열심히 말은 하지만 요령이 없고, 몹시 애는 쓰지만 공이 없다」 고 했다.

또한 《관자》 형세편에도,

「옳지 못한 것에 편들지 말라. 능하지 못한 것을 강제하지 말라. 알지 못하는 사람에게 이르지 말라. 이를 가리켜 수고롭기만 하고 공이 없다고 말한다」 고 했다.

❼ 多多益善 (다다익선) 多多益善 많을 **多** 더할 **益** 좋을 **善**

많으면 많을수록 좋다. 이 말은 아주 흔히 쓰이는 말이다. 이 말을 기록상 가장 먼저 한 사람은 한신(韓信)이다.

한고조 유방

《사기》 회음후열전에 보면 한고조와 한신과의 사이에 이런 내용의 이야기가 나온다.

한신이 초왕(楚王)으로 있다가 잡혀와 회음후로 내려앉은 뒤의 이야기다. 어느 날, 조용한 틈을 타서 고조는 여러 장수들의 능력에 대해 한신과 의견을 교환하고 있었다. 이야기가 끝나갈 무렵 고조가 물었다.

「과인과 같으면 어느 정도의 군사를 거느릴 수 있다고 보는가?」

「아뢰옵기 황송하오나 폐하께서는 고작 10만쯤 거느릴 수 있는 장수에 불과합니다」

「그렇다면 그대는 어떠한가?」

「예, 신은 많으면 많을수록 더욱 좋습니다(臣多多而益善耳)」

그러자 한고조는 어이없다는 듯이 웃고 나서 이렇게 물었다.

「많으면 많을수록 좋다고? 그렇다면 그대는 어찌하여 10만의 장수감에 불과한 과인의 포로가 되었는가?」

한 신

한신은 이렇게 대답하였다.

「폐하께선 군사를 거느리는 데는 능하지 못하지만, 장수는 잘 거느리십니다. 이것이 신이 폐하에게 사로잡히게 된 까닭입니다. 그리고 폐하의 경우는, 이른바 하늘이 주신 것으로, 사람의 힘은 아닙니다」

이렇게 군사의 통솔 능력을 말하면서 만들어진 다다익선이라는 말이 오늘날에는 다방면에서 많을수록 좋다는 뜻으로 두루 쓰이고 있다. 다다익판(多多益辦)과 같은 의미이다.

한나라 고조(高祖) 유방(劉邦)은 천하를 통일한 후 왕실의 안정을 위해 개국공신들을 차례로 숙청하였다.

초왕(楚王) 한신(韓信)은 천하통일의 일등공신으로 항우군의 토벌에 결정적 공헌을 하였지만, 통일이 완성된 한나라 왕실로서는 위험한 존재가 아닐 수 없었다.

그는 본래 항우의 수하에 있다가 유방이 촉으로 들어간 후 한나라에 귀순한 인물이었고, 제(齊)나라를 정복하였을 때는 스스로 제왕에 즉위하였으며, 초에 들어가서는 항우의 장수였던 종리매(鐘離眛)를 비호하기도 하였다.

그래서 고조는 계략을 써 그를 포박한 후 장안으로 압송하고는 회음후로 좌천시켰다. 후일 거록(鉅鹿) 태수 진희(陳豨)와 공모하여 난을 일으켰으나, 장안을 떠나지 못하고 여후(呂后)에 의해 처형되었다.

❽ 詠雪之才 (영설지재)

咏雪之才　읊을 **詠** 눈 **雪** 갈 **之** 재주 **才**

사 안

글재주가 뛰어난 여자를 이르는 말. 유서지재(柳絮之才)라고도 한다.

동진(東晋) 때의 사안(謝安)은 전진(前秦)의 부견(苻堅)을 격파한 명신인데, 사혁(謝奕)은 사안의 형이다. 사혁은 슬하에 남매를 두었는데, 어느 눈 오는 날, 재상인 사안을 불러서 문장에 대한 이야기를 하고 있었다. 사안이 두 조카에게 물었다.

「저 내리는 눈이 무엇을 닮았느냐?」

오빠인 낭(朗)이 대답했다.

「하늘에서 소금을 뿌리는 것 같습니다」

그러자 누이동생 도온(道韞)은 이렇게 대답했다.

「버들가지가 바람에 흩날리는 것 같습니다」

사혁의 딸 도온이 눈을 버들개지에 비유하여 눈 깜짝할 사이에 묘구(妙句)를 지은 데서 글재주가 뛰어난 여인, 또는 여자가 문재(文才)가 있는 것을 비유하는 성구로 쓰인다.

도온은 후에 왕희지의 아들 왕응지와 혼인하였다.

41. 樂殊貴賤 禮別尊卑 (악수귀천 예별존비) 乐殊贵贱 礼别尊卑

❶	君 (군)	子 (자)	三 (삼)	樂 (락)			
❷			樂 (악)	殊 (수)	貴 (귀)	賤 (천)	
❸	洛 (낙)	陽 (양)	紙 (지)	貴 (귀)			
❹		貴 (귀)	耳 (이)	賤 (천)	目 (목)		
❺	酌 (작)	水 (수)	成 (성)	禮 (례)			
❻				別 (별)	開 (개)	生 (생)	面 (면)
❼		妄 (망)	自 (자)	尊 (존)	大 (대)		
❽	登 (등)	高 (고)	自 (자)	卑 (비)			

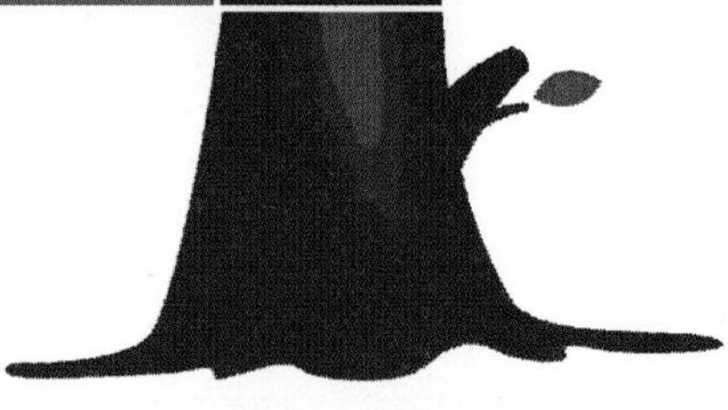

풀이

❶ 君子三樂 (군자삼락) 君子叁乐 군 君 당신 子 석 三 즐길 樂

군자의 세 가지 즐거움.

전국시대 철인(哲人)으로서 공자의 사상을 계승 발전시킨 맹자(孟子)의 말이다.

맹 자

군자에게는 세 가지 즐거움이 있다(君子有三樂).

천하의 왕이 되는 것은 여기에 들어 있지 않다(而王天下不與存焉).

양친이 다 살아 계시고 형제가 무고한 것이 첫 번째 즐거움이요(父母俱存 兄弟無故 一樂也).

우러러 하늘에 부끄럽지 않고 굽어보아도 사람들에게 부끄럽지 않은 것이 두 번째 즐거움이요(仰不愧於天 俯不怍於人 二樂也).

천하의 영재를 얻어서 교육하는 것이 세 번째 즐거움이다(得天下英才 而敎育之 三樂也).

군자는 세 가지 즐거움이 있으나 천하를 통일하여 왕이 되는 것은 여기에 들어 있지 않다(君子有三樂 而王天下不與存焉).

맹자가 말한 세 가지 즐거움 가운데 첫 번째 즐거움은 하늘이 내려준 즐거움이다. 부모의 생존은 자식이 원한다고 하여 영원한 것이 아니므로 오랫동안 함께할 수 있다면 그 자체로서 즐겁다는 말이다.

두 번째 즐거움은 하늘과 땅에 한 점 부끄럼이 없는 삶을 강조한 것으로, 스스로의 인격수양을 통해서만 가능한 즐거움이다.

세 번째 즐거움은 자기가 가지고 있는 것을 다른 사람에게 베푸는 즐거움으로, 즐거움을 혼자만 영위할 것이 아니라 남과 공유하기를 바라는 것이다.

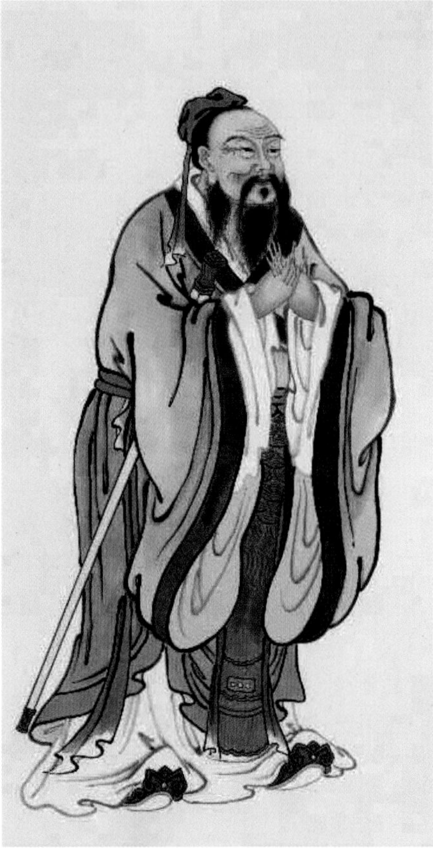

공 자

맹자는 세 가지 즐거움을 제시하면서 왕이 되는 것은 여기에 들어 있지 않음을 두 차례나 언급하여 강조하고 있는데, 국가를 경영할 경륜도 없고 백성을 사랑하는 인자함도 없으면서, 왕도정치에는 귀도 기울이지 않고 오직 전쟁을 통해서, 백성들의 형편이야 어찌 되든 패자가 되려고만 했던 당시 군왕들에게, 왕 노릇보다 먼저 기본적인 사람이 되라는 맹자의 질책이었다.

공자는 우리를 이익 되게 하는 세 가지 즐거움을 《논어》 계씨편에서 말하고 있다. 「유익한 세 가지 즐거움(益者三樂)은, 예악을 절도에 맞게 행하는 것을 좋아하고(樂節禮樂), 남의 선을 말하기를 좋아하며(樂道人之善), 어진 벗을 많이 가지기를 좋아함(樂多賢友)이다」

공자는 또 계씨편에서 「손자삼요(損者三樂)」를 들고 있다.

「분에 넘치게 즐기는 것(樂驕樂), 일하지 아니하고 노는 것을 즐기는 것(樂逸樂), 주색을 좋아하는 것(樂宴樂)」을 이른다.

❷ 樂殊貴賤 (악수귀천) 乐殊贵贱 음악 **樂** 다를 **殊** 귀할 **貴** 천할 **賤**

음악은 신분의 높고 낮음에 따라 다르다.

《천자문》에 있는 말이다.

「음악은 신분의 높고 낮음에 따라 다르고, 예절은 윗사람과 아랫사람을 분별한다(樂殊貴賤 禮別尊卑)」

고대 중국사회에서는 천자와 제후, 대부는 각종 의례와 일상생활에서도 엄격한 차별을 두었다. 나라의 질서를 세우는 데 귀천의 구별을 엄히 했다. 음악이나 묘(廟)에까지도 제도가 분명하였다. 신분과 질서를 엄하게 하는 것이 봉건제도의 특징이다.

각종 의례와 행사에서 천자는 팔일무(八佾舞 : 8줄에 8명씩 총 64명의 무용수)를 출 수 있었고, 제후는 육일무(六佾舞 : 6줄에 6명씩 총 36명)를 출 수 있었고, 대부는 사일무(四佾舞 : 4줄에 4명씩 총 16)를 출 수 있으며, 사(士)는 이일무(二佾舞 : 2줄에 2명씩 총 4명)를 출 수 있었다.

우리 조선왕조의 경우 문묘(文廟) 및 종묘의 제의에서 행하여졌는데, 천자일 때는 팔일이지만 왕일 때는 육일무를 거행했는데, 이조의 경우 거의 모두 왕이라고 칭했기 때문에 육일무가 행해졌다.

일(佾)이란 가로줄과 세로줄의 인원이 같은 춤을 추는 것을 말한다.

「예절은 윗사람과 아랫사람을 분별한다(禮別尊卑)」라는 말은 「삼강오륜(三綱五倫)」 가운데 오륜(五倫)을 이르는 말이다. 임금과 신하(君臣), 아버지와 아들(夫子), 남편과 아내(夫婦), 어른과 아이(長幼), 친구(朋友) 간에의 예법(禮法)을 이르는 말이다.

❸ 洛陽紙貴 (낙양지귀) 洛阳纸贵 서울이름 **洛** 볕 **陽** 종이 **紙** 귀할 **貴**

책이 호평을 받아 낙양의 종이 값을 올림.

좌 사

《진서》 문원전에 있는 이야기다.

「낙양지귀」는 어느 특정 서적이 대량으로 출판을 거듭하는 것을 표현하는 말이다. 그 책을 베끼느라 낙양에 종이가 달려 값이 뛰게 되었다는 뜻이니, 요즈음 우리가 흔히 말하는 「베스트셀러」 정도가 아닐 것이다. 낙양의 지가를 오르게 한 실례를 소개하면 다음과 같다.

진(晋)나라 좌사(左思)는 임치(臨淄) 사람으로, 아버지 좌옹(左雍)도 하급관리에서 몸을 일으켜, 그의 학식으로 전중시어사(殿中侍御史 : 검찰총장)란 높은 벼슬에 오른 사람이다.

좌사는 젊었을 때 글과 음악을 배웠으나 도무지 늘지가 않았다. 그런데 어느 날 그의 아버지가 친구를 보고, 「내가 젊었을 때는 저렇지는 않았는데……」 하는 소리를 들은 뒤부터 나도 하면 된다는 결심을 하고 공부에 열중하기 시작했다.

그는 뛰어난 문장의 소질을 갖고 있었지만, 얼굴이 못생긴데다가 날 때부터 말더듬이었기 때문에 사람 대하기를 꺼려해 항상 집안에 들어박혀 창작에만 열중하고 있었다.

그리하여 마침내 1 년이 걸려, 일찍이 제나라 수도였던 임치의 모습을 운문으로 엮은 「제도부(齊都賦)」를 완성하고, 이에 삼국시대의 촉나라 수도였던 성도와 오나라 수도 건업과 위나라 수도 업(業)을 노래한 「삼도부(三都賦)」를 지을 생각을 했다.

이리하여 많은 참고서적과 선배들을 찾아 기초지식을 얻는 한편, 구상을 짜내는 데 10년이란 세월을 쏟았다. 그는 이동안 뜰은 물론이요 대문에서 담 밑에까지 곳곳에 붓과 종이를 준비해 두고, 좋은 글귀가 머리에 떠오르면 그 즉석에서 적어 나갔다. 그러는 동안 그는 자신의 지식이 모자라는 것을 절감한 나머지, 자진해서 비서랑(秘書郞)이란 직책을 얻어 많은 재료를 얻어 보기도 했었다.

황보밀

이리하여 완성한 것이 「삼도부」였으나, 그에 대한 평이 그리 놀라운 것은 아니었다. 그러나 자신의 작품에 대해 크게 자신을 가진 그는, 당시 초야에서 저술에 종사하고 있던 황보밀(皇甫謐)을 찾아갔다.

장 형

황보밀은 그의 작품을 한번 읽어 보고는 「이건 굉장한 문장이다」하고 즉석에서 서문을 써 주었다. 다시 여기에 저작랑(著作郎 : 국사편찬관)인 장재(張載)가 「위도부」에, 중서랑 유규(劉逵)가 「오도부」와 「촉도부」에 주석을 붙이고, 위관(衛瓘)이 약해(略解)를 짓는 등 당시 일류 명사들로부터 그 진가를 인정받게 되었다.

그러나 그의 이름을 단번에 결정적으로 유명하게 만든 것은 서진(西晉)의 정치가이자 문인인 사공(司空 : 치수와 토목을 맡은 재상) 장화(張華)의 절대적인 찬사 때문이었다.

「반고(班固)와 장형(張衡)에 맞먹는 작품이다. 읽는 사람으로 하여금 읽고 나서도 여운이 남고, 여러 날이 지나도 감명을 새롭게 한다」

이런 찬사가 한번 알려지자, 돈 많고 지위 높은 집 사람들이 앞 다투어 베껴 가는 바람에 낙양의 종이 값이 오르게 되었다는 것이 반고·장형과 맞먹는다는 말은 반고의 「이도부(二都賦)」와 장형의 「이경부(二京賦)」에 견줄 만하다는 이야기다.

한편, 같은 시대의 육기(陸機)도 「삼도부」를 짓고 있었는데, 그가 좌사의 「삼도부」를 보자, 「나로서는 한 자도 더 보탤 것이 없다」하고 자기의 「삼도부」를 중도에 포기하고 말았다. 육기는 당대 제일가는 문호였을 뿐만 아니라, 후세에까지 손꼽히는 대문장가였다.

❹ 貴耳賤目 (귀이천목)

贵耳贱目　　귀할 **貴** 귀 **耳** 천할 **賤** 눈 **目**

귀를 귀하게 여기고 눈을 천하게 여긴다는 뜻으로, 귀로 듣는 것은 소중하게 여기고 눈으로 보는 것은 천하게 여긴다는 뜻. 또한 먼 곳에 있는 것을 괜찮게 여기고, 가까운 것을 나쁘게 여기는 풍조를 비판하는 말. 듣기를 잘 하고, 함부로 보지 말라는 뜻.

본래 이 말은 복고주의적(復古主義的) 성향이 강한 중국인들에게 널리 알려진 것으로, 「귀고천금(貴古賤今)」과 같은 말로 쓰인다.

「환자신론(桓子新論)」에 이런 내용이 있다.

「세상 사람들은 먼 곳의 소문을 귀하게 여기고, 가까운 데서 제 눈으로 본 것을 천한 것으로 여긴다. 또 옛것을 귀하게 여기고, 지금 것을 비천하게 여긴다(貴古賤今)」

《진서(晉書)》 장형・동경부(張衡東京賦)에,

「세상에서 말하기를, 후학(後學)이 속뜻은 모르고 겉만 이어받아 전하며, 들은 것을 귀히 여기고 눈으로 본 것을 천하게 여긴다(所謂末學膚受 貴耳而賤目者也)」라고 한 글에서 나온 말이다.

이것은 분별 있는 사고(思考)에 의해 올바른 것을 파악하기보다는 현재를 부정하고 옛것만 좇는 세태를 꼬집은 말이다.

요즈음 일부 신세대의 세태가 서구 문물의 영향으로 국적불명의 경향이 있다. 무조건 서구 것은 좋고 우리 것은 별볼 게 없다는 자기부정(自己否定)의 논리는 단순히 우리 전통문화를 업신여기는 데 그치는 것이 아니라 사고마저도 잘못된 방향으로 나아가게 하고 있다.

작 수 성 례
❺ 酌水成禮 酌水成礼 따를 **酌** 물 **水** 이룰 **成** 예도 **禮**

물만 떠놓고 혼례를 지냄. 가난한 집의 혼례를 가리키는 말.

별 개 생 면
❻ 別開生面 別开生面 다른 **別** 열 **開** 날 **生** 낮 **面**

따로 새로운 분야를 개척함, 남달리 기예가 뛰어남.

「다른 새로운 얼굴을 나타낸다」는 뜻으로, 새로운 형식을 만들어 내어 독특한 것을 말한다. 당나라의 시인 두보(杜甫)의 시 「단청인증조장군패(丹靑引贈曹將軍霸)」에서 유래한 말이다.

제자 한간(韓幹)이 그린 조패장군

당나라의 유명한 화가인 조패(曹霸)는 인물과 말을 아주 잘 그렸다. 그의 명성이 장안(長安)에까지 알려지면서 황제 현종(玄宗)의 귀에 들어갔다. 현종은 수시로 조패를 궁중 안으로 불러들여 그림을 그리게 하고 항상 푸짐한 상을 내렸다. 조패가 현종의 총애를 받자, 장안에 사는 왕족, 귀족, 벼슬아치들은 조패의 그림을 가지고 있는 것을 영광으로 여기게 되었다. 그래서 그의 그림이 아주 비싼 값에 거래되어도 돈 아까운 줄 모르고 사들였다.

장안성 북쪽의 태극궁(太極宮)에 능연각(凌煙閣)이라는 누각이 있었다. 이 누각의 네 벽면에는 당나라의 개국공신 24명의 초상이 그려져 있었는데, 이 초상화는 그로부터 70년 전

능연각

염지본(閻之本)이라는 화가가 그린 것이었다. 이미 70년이 지나면서, 이들 초상화는 원래의 생생한 모습이 퇴색되어 어떤 것들은 잘 알아보지 못할 정도가 되어 있었다. 현종은 조패를 불러 그 초상화를 다시 손보게 했다. 마침내 24명 공신의 초상들은 아주 새로운 모습으로 사람들 앞에 나타났다. 조패는 이렇게 인물을 잘 그렸을 뿐만 아니라 말의 모습도 잘 그렸다.

어느 날, 현종은 조패를 궁으로 불러 자신의 애마인 옥화총을 데려와 그림을 그리게 했다. 조패는 우선 아주 큰 비단 한 장을 갖다달라고 한 뒤 말을 한참 동안 관찰한 후 몸을 돌려 순식간에 그 말을 화폭에 담았다. 현종은 기뻐하며 조패에게 금은보화를 상으로 내리고 좌무위(左武衛) 장군에 봉했다.

그러나 이러한 호시절도 오래가지 못했다. 현종이 이임보(李林甫)와 양국충(楊國忠) 등의 권신을 등용한 후 음주가무와 사치황음에 빠져 정사를 멀리하게 되자 조패를 부르는 횟수도 크게 줄어들었다. 그러던 중 조패는 사소한 잘못을 저질러 관직을 박탈당하고 평민이 되어 장안을 떠나게 되었다.

755년, 안녹산과 사사명(史思明)이 반란을 일으키자, 현종은 사천(四川)으로 몽진(蒙塵)하였다. 이때 조패도 사천성 성도(成都)까지 피난 와 지나는 사람들의 초상화를 그려주며 겨우 연명하고 있었다.

이때 시인 두보가 성도에 오게 되었는데, 친구의 집에서 조패가 그린 「구마도(九馬圖)」를 보게 되었다. 두보는 당대의 화가 조패의 그림을 금방 알아보고, 조패가 성도에 있다는 것을 알게 되어 여기저기 수소문한 끝에 길가에서 그림을 그리고 있는 조패를 발견했다.

두보는 여기서 조패의 신세와 역경을 알아차리게 되자 안타까워하며 시 한 수를 지어 그에게 바쳤다. 그 시 가운데 나오는 구절이다.

「능연각 공신들의 얼굴빛이 희미하게 바래졌는데(凌煙功臣少顔色), 조패 장군의 붓끝에서 새로운 얼굴이 보인다(將軍筆下開生面)」

❼ 妄自尊大(망자존대) 妄自尊大 망령될 **妄** 스스로 **自** 높을 **尊** 큰 **大**

「망령되이 스스로를 높이고 크게 여긴다」라는 뜻으로, 함부로 자신만 잘난 체하고 우쭐대며 다른 사람을 경시하는 것을 말한다.

《후한서(後漢書)》 마원전(馬援傳)에 있는 이야기다.

유수(劉秀)는 후한 초대 황제인 광무제(光武帝, 재위 25~57)로 낙양(洛陽)에서 즉위하였으나 공손술(公孫述), 두융(竇融), 외효(隗囂) 등이 할거하여 전국의 통일을 이루지 못하였다. 후한 때의 군웅(群雄) 공손술은 성도(成都)에서 군사를 일으켜 촉(蜀)·파(巴)를 평정한 뒤 황제가 되었다.

외효는 부하인 마원을 공손술에게 보냈는데, 마원은 자기와 고향이 같은 공손술이 반갑게 맞이해줄 것으로 여겼으나, 높은 자리에 앉아서 차갑게 대하였다. 마원은 외효에게 이렇게 말했다.

「공손술은 우물 안의 개구리처럼 터무니없이 스스로 잘난 체하고 남을 업신여깁니다(子陽井底蛙耳 而妄自尊大). 낙양의 광무제를 섬기는 것만 못합니다」

광무제 유수

그래서 외효는 마원을 다시 낙양에 사신으로 보냈는데, 극진한 대접을 받고 광무제의 부하가 되어 돌아왔다. 외효는 광무제를 경계하였으며, 광무제는 외효와 공손술을 멸하고 나라를 통일하였다.

이치나 도리에 맞지 않는 망령된 생각으로 건방지게 스스로 잘났다고 뽐내며 자기를 높이고 남을 업신여기는 것을 비유하는 말이다.

비슷한 말로는 자기 분수를 모르고 위세 부린다는 「야랑자대(夜郎自大)」가 있다.

❽ 登高自卑 (등고자비)

登高自卑 오를 **登** 높을 **高** 부터 할 **自** 낮을 **卑**

높은 곳에 오르려면 낮은 곳에서부터 출발해야 한다는 뜻으로, 모든 일에는 순서가 있다는 말.

《중용》 제15장에 이런 글이 있다.

「군자의 도는 비유컨대 먼 곳을 감에는 반드시 가까운 곳에서 출발함과 같고, 높은 곳에 오름에는 반드시 낮은 곳에서 출발함과 같다. 《시경(詩經)》에 『처자의 어울림이 거문고를 타듯 하고, 형제는 뜻이 맞아 화합하며 즐겁구나. 너의 집안 화목케 하며, 너의 처자 즐거우리라』는 글이 있다. 공자는 이 시를 읽고서 『부모는 참 안락하시겠다』고 하였다(君子之道 辟如行遠必自邇 辟如登高必自卑 詩曰 妻子好合 如鼓瑟琴 兄弟旣翕 和樂且耽 宣爾室家 樂爾妻帑 子曰 父母其順矣乎)」

공자묘

공자가 그 집 부모는 참 안락하시겠다고 한 것은 가족 간의 화목이 이루어져 집안의 근본이 되었기 때문이니, 바로 「행원자이(行遠自邇)」나 「등고자비」의 뜻에 맞는다는 말이다.

「등고자비」란 이와 같이 모든 일은 순서에 맞게 기본이 되는 것부터 이루어 나가야 한다는 뜻이다. 천릿길도 한 걸음부터라는 우리 속담과 뜻이 통한다고 하겠다.

《시경》에서는 「백 리를 가는 사람은 90리를 절반으로 여긴다(行百里者 半於九十)」고 했다. 이는 마무리의 어려움을 말한 것이다.

《맹자》 진심편(盡心篇)에서도 군자는 아래서부터 수양을 쌓아야 한다는 다음과 같은 내용이 있다.

「바닷물을 관찰하는 데는 방법이 있다. 반드시 그 움직이는 물결을 보아야 한다. 마치 해와 달을 관찰할 때 그 밝은 빛을 보아야 하는 것과 같다. 해와 달은 그 밝은

공자가 제자들을 가르친 행단(杏壇)

빛을 받아들일 수 있는 조그만 틈만 있어도 반드시 비추어 준다. 흐르는 물은 그 성질이 낮은 웅덩이를 먼저 채우지 않고서는 앞으로 흘러가지 않는다. 군자도 이와 같이 도에 뜻을 둘 때 아래서부터 수양을 쌓지 않고서는 높은 성인의 경지에 도달할 수 없다(流水之爲物也 不盈科不行 君子志於道也 不成章不達)」

또 《불경》에 보면, 어떤 사람이 남의 삼층 정자를 보고 샘이 나서 목수를 불러 정자를 짓게 하는데, 1층과 2층은 짓지 말고 아름다운 3층만 지으라고 했다는 일화가 있다.

좋은 업은 쌓으려 하지 않고 허황된 결과만 바란다는 이야기다. 학문이나 진리의 높은 경지를 아무리 이해한다 한들 자기가 아래서부터 시작하지 않고서는 그 경지의 참맛을 알 수 없는 것이다.

42. 上和下睦 夫唱婦隨 (상화하목 부창부수) 上和下睦 夫唱妇随

❶	錦上添花 (금상첨화)
❷	和光同塵 (화광동진)
❸	月下老人 (월하노인)
❹	上和下睦 (상화하목)
❺	貪夫徇財 (탐부순재)
❻	我歌查唱 (아가사창)
❼	道見桑婦 (도견상부)
❽	隨珠彈雀 (수주탄작)

풀이

❶ 錦上添花(금상첨화) 锦上添花 비단 **錦** 위 **上** 더할 **添** 꽃 **花**

좋은 일에 좋은 일을 더함.

비단만 해도 아름다운데, 그 위에 꽃까지 얹어 놓았으니 더욱 아름다울 밖에. 당송팔대 문장의 한 사람인 왕안석(王安石)의 칠언율시 「즉사(卽事)」에 나오는 글귀다. 즉사란 즉흥시를 말한다.

강은 남원을 흘러 언덕 서쪽으로 기우는데
바람엔 맑은 빛이 있고 이슬에는 꽃이 있다.
문 앞의 버들은 옛사람 도령의 집이요
우물가의 오동은 전날 총지의 집이다.
좋은 모임에 잔속의 술을 비우려 하는데
고운 노래는 비단 위에 꽃을 더한다.
문득 무릉의 술과 안주를 즐기는 손이 되어
내 근원엔 응당 붉은 노을이 적지 않으리라.

河流南苑岸西斜　風有品光露有華　하류남원안서사 풍유품광로유화
門柳故人陶令宅　井桐前日總持家　문류고인도령댁 정동전일총지가
嘉招欲覆盃中淥　麗唱仍添錦上花　가초욕복배중록 여창잉첨금상화
便作武陵樽俎客　川源應未少紅霞　편작무릉준조객 천원응미소홍하

왕안석은 군비조달을 위해 파탄에 이른 송나라 경제를 재건하기 위해 획기적인 신법(新法)을 실시한 대경제가인 동시에, 산문에 있어서는 한유(韓愈)와 더불어 당송팔대가의 한 사람으로, 또 시에 있어서도 송의

대표 시인의 한 사람이었다.

왕안석

언덕을 따라 남원으로 흐르는 강물을 배를 타고 거슬러 올라가는 중, 아마 아침이었던 것 같다. 바람이 맑은 빛을 띠고 이슬이 꽃처럼 맺혀 있었으니, 멀리 문 앞에 버들이 있는 것을 보자, 그는 그것이 옛날 진나라 팽택령을 지낸 적이 있는 도연명의 집으로 생각되었다.

집 앞에는 큰 버드나무가 다섯 그루 심겨져 있어 오류선생(五柳先生)이란 별명을 가지고 있었다. 또 우물가 오동나무가 서 있는 곳도 옛날 세상을 피해 숨어 살던 사람의 집으로 생각되었다.

그는 도연명과 같은 은사들이 모인 곳에 초청을 받아 술을 실컷 마시고 싶은 상상을 한다. 그 자리에 고운 목소리로 노래까지 부른다면 그야말로 비단 위에 꽃을 더하는 격이다.

배는 자꾸 상류로 거슬러 올라간다. 이대로 가다 보면 무릉도원이 분명히 나타날 것도 같다. 자신은 잠시 무릉도원을 찾아간 고기잡이가 되어 좋은 술과 안주로 극진한 대우를 받는다. 그리고 아직도 시냇물 저 위로 무수한 복숭아꽃이 흐드러지게 피어 붉은 노을을 이루고 있는 것을 상상한다.

시의 내용은 대충 이런 뜻이다. 붉은 노을은 석양을 말한 것으로 보기도 한다. 아직 시간이 있다는 뜻이다.

화 광 동 진

❷ 和光同塵 和光同尘 순할 **和** 빛 **光** 같을 **同** 티끌 **塵**

「화광(和光)」은 빛을 부드럽게 한다는 뜻이고, 「동진(同塵)」은 세상 사람들과 함께 하는 것을 말한다. 빛을 감추고 속진(俗塵)에 섞인다는 말이다. 즉 자기가 가지고 있는 지혜 같은 것을 자랑하는 일이 없이 오히려 그것을 흐리고 보이지 않게 하여 속세 사람들 속에 묻혀버리는 것을 말한다.

《노자》 제4장과 제56장에 똑같은 구절이 나오는데, 제4장의 것은 제56장의 것이 잘못 끼어든 것으로 보는 학자들이 많다.

「아는 사람은 말하지 않고, 말하는 사람은 알지 못한다. 그 감정의 구멍(귀·눈·코·입)을 막고, 그 욕정의 문을 닫으며, 그 날카로움을 무디게 하고, 그 얽힘을 풀며, 그 빛을 흐리게 하고, 그 티끌을 같이한다. 이것을 현동(玄同)이라고 한다(知者不言 言者不知 塞其兌 閉其門 挫其銳 解其紛 和其光 同其塵是謂玄同). 그러므로 이는 친할 수도 없고, 멀리할 수도 없으며, 이로울 수도 없고, 해로울 수도 없으며, 귀할 수도 없고, 천할 수도 없다. 그러기 때문에 오로지 하늘 아래 귀하게 되는 것이다」

노자기우도

「현동(玄同)」은 현묘(玄妙)하게 같은 것이란 뜻이다. 불교에서 부처가 중생을 제도(濟度)하기 위해 부처의 본색을 감추고 속세에 나타나는 것을 「화광동진」이라고 하는데, 그것은 불교가 중국에 전해진 뒤부터 이 노자의 말을 받아들여 쓴 것이다. 부처・보살이 중생을 제도하기 위하여 자기 본색을 감추고 인간계에 섞여 몸을 나타내는 일.

❸ 月下老人 (월하노인) 月下老人 달 **月** 아래 **下** 늙을 **老** 사람 **人**

「달 아래 늙은이」란 뜻으로, 달빛을 구경하는 노인의 뜻이 아니라, 인간세계의 부부의 인연을 맺어 주는 저승(冥界)의 노인을 말한다. 그래서 중매를 서는 사람을「월하노인」이라 부르기도 하고, 이를 약해서 「월노(月老)」라고도 한다.

이 밖에 월하노인의 전설과 「얼음 밑에 있는 사람(氷下人)」의 전설이 합쳐진 「월하빙인(月下氷人)」이란 말도 같은 뜻으로 쓰이고 있다.

「월하노인」은 《태평광기》에 수록된 정혼점(定婚店) 전설에서 나온 말이다.

장안 근처 두릉(杜陵)이란 곳에 사는 위고(韋固)가 송성(宋城) 남쪽 마을에 묵고 있을 때 일이다. 어떤 사람이 혼담을 청해 와서, 이튿날 새벽 마을 뒤쪽에 있는 용흥사(龍興寺) 문 앞에서 만나 상의하기로 했다. 일찍이 양친을 잃고 장가를 들고 싶어도 말해 주는 사람이 없어 따분했던 위고는 날이 밝기도 전에 미리 절 앞으로 나갔다.

문 앞에 이르자, 약속한 사람은 아직 와 있지 않고 웬 노인이 돌계단에서 베자루(巾囊)에 기대고 앉아 달빛을 빌어 책을 읽고 있었다.

「무슨 책입니까?」하고 묻자 노인은 웃으며,

「이건 이 세상 책이 아니야」하고 대답했다.

「그럼 저 세상 책인가요?」

「그렇지」

월하노인 조상(彫像)

「그럼 노인장께서는 저 세상 분이신가요? 그렇다면 어떻게 여기를……」

「저 세상에서 소임을 맡고 있는 사람은 모두 이 세상을 다스려야만 하거든. 그러려면 자연 이 세상으로 나와야 하지 않겠나. 지금 이 시각에 나다니는 사람은 거의 저 세상 사람들이지. 다만 이 세상 사람들이 알아보지 못하는 것뿐이지」

「그럼 노인장께서 맡으신 일은 무엇이온지?」

「나는 이 세상 사람들의 남녀 간에 인연을 맺어 주는 사람일세」

「그럼 마침 잘 됐군요. 실은 제가 이리로 나오게 된 것도 혼담 때문인데, 그 일이 잘 될는지요?」

「자네 아내 될 사람은 이제 세 살이니, 적어도 15년은 있어야 장가를 들 수 있어」

「네? 그런데, 그 자루 속에 든 것은 무엇인가요?」

「붉은 끈일세. 부부가 될 사람의 발을 서로 붙들어 매기 위한 거지.

사람이 태어나면 이 실로 매어두는 걸세. 그러면 아무리 상대가 원수지간이든, 신분의 차이가 있든, 몇 천 리를 떨어져 있든 반드시 만나 살게 되는 걸세. 자네도 그 세 살 먹은 여아와 맺어져 있으므로 다른 여자와 결혼을 하려 해도 다 소용이 없는 일일세」

「그럼 그 아이는 지금 어디에?」

월하노인

「마을 북쪽에서 채소 장사를 하고 있는 진(陳)이란 노파의 딸일세」

「만나 볼 수 있을까요?」

「늘 시장에 안고 나와 있으니까 만나 볼 수 있지. 소원이라면 따라오게. 내가 가르쳐줄 테니」

그럭저럭 날이 밝았는데, 약속한 사람은 나타나지 않았다. 노인은 자루를 메고 일어나 가려 했다. 급히 노인을 따라가 보았더니, 노인은 한쪽 눈이 먼 늙은 여자 품에 안겨 있는 계집아이를 가리키며 말했다.

「이 애가 자네 배필일세」

「저걸 언제 키워서! 차라리 죽여 없애버리리라」

위고는 무심중 말해 버렸다.

「죽이다니! 그 아이는 장차 아들 덕에 봉록까지 받게 되어 있는데」

노인은 이 말을 남기고는 홀연히 모습을 감추어 버리고 말았다.

「기가 차군. 누가 저런 거지 딸에게 장가를 든담」

위고는 하인에게 비수와 상금을 주고는 그 어린애를 죽이고 오라고 시켰다. 그러나 하인은 가슴을 찌른다는 것이 칼이 빗나가 두 눈썹 사이를 찌르고 말았다고 돌아와 고했다.

그로부터 14년이 지나 위고는 상주(相州)의 관리가 되었다. 영리한 그는 주장관의 신임을 얻어 그의 딸을 아내로 맞게 되었다. 그녀는 열일곱 한창 피어나는 고운 얼굴이었는데, 꽃 모양의 종이를 두 눈썹 사이에 붙이고 있었다.

1 년이 훨씬 지난 어느 날, 위고는 문득 옛날 일이 기억에 되살아났다. 혹시나 하고 다그쳐 까닭을 물었더니, 아내는 울며 사실을 말했다.

「저는 실은 장관의 친딸이 아니고 수양딸이었습니다. 제 친아버지는 송성현 원으로 있을 때 돌아가시고, 그 뒤 어머니도 오빠도 죽고 없어 진(陳)이란 노파 손에서 자라났습니다. 제 나이 세 살 때 시장에서 괴한의 칼을 맞았는데, 그때의 상처가 남아 이렇게 가리고 있는 것입니다」

「그 진 노파는 한쪽 눈이 멀지 않았던가?」

「그렇습니다. 그걸 어떻게……」

「그대를 찌르게 한 것은 바로 나였소」 하고 그는 지난 일을 자세히 이야기해 주었다.

그 뒤로 두 부부는 한결 정답게 살게 되었는데, 그들 사이에 태어난 아들이 뒤에 안문군(雁門郡) 태수가 되고, 어머니는 태원군 태부인이란 작호를 받았다. 그래서 이 이야기를 들은 송성현 현령이 그 마을을 「정혼점」이라고 고쳐 부르게 했다는 것이다.

❹ 上和下睦 (상화하목)

上和下睦 위 **上** 화할 **和** 아래 **下** 화목할 **睦**

웃사람이 온화하면 아랫사람이 화목 한다.

《천자문》에 있는 말이다.

「웃사람이 온화하면 아래에서 화목하고, 지아비가 이끌면 지어미는 따른다(上和下睦 夫唱婦隨)」

위에 있는 자가 사랑하여 가르쳐 주는 것을 화(和)라고 하고 아래에 있는 자가 공손하여 예를 다하는 것을 목(睦)이라 한다.

공자가 살았던 춘추시대 말기는 혼란과 전쟁의 소용돌이 속에 있던 때였다. 공자는 천하가 혼란과 분열을 거듭하고 있는 이유는 천자가 천자답지 못하고, 제후가 제후답지 못하고, 대부가 대부답지 못하며, 백성이 백성답지 못하기 때문이라고 생각했다.

공자는 이와 같은 세상을 구하고 천하를 다스릴 수 있는 근본은 인(仁)뿐이라고 주장했다.

신분의 순서에 따라 웃사람은 아랫사람을 자식처럼 아끼며 보호해주고, 아랫사람은 웃사람을 부모를 섬기듯 존경하고 복종하면 천하는 혼란과 분열에서 벗어날 수 있고, 세상은 잘 다스려져 태평성대를 누릴 수 있다는 것이다.

❺ 貪夫徇財 (탐부순재)

贪夫徇财 탐할 **貪** 지아비 **夫** 좇을 **徇** 재물 **財**

탐욕이 많은 자는 재물 때문에 목숨을 잃는다는 뜻으로, 탐욕스런 사람은 재물을 얻기 위해 어떠한 위험도 돌보지 않는다는 말.

가의 고거(故居)

가생(賈生 : 이름 誼)은 하남 낙양 사람으로, 고조 7년에 태어나서 문제 12년에 죽었는데, 그의 나이 겨우 33세였다.

18세 때에 시서(詩書)를 잘 하기로 소문이 났으며, 나중에 태중대부(太中大夫)에 이르러 예악을 일으키고, 법도를 제정하고, 복색을 바꾸는 등 문제를 잘 보필하는 데 힘썼으나, 뒤에 주발(周勃)의 모함을 받아 장사왕(長沙王) 태부(太傅)로 축출되었다.

그는 모함으로 쫓겨나 끓어오르는 울분을 금할 수 없었지만, 마침 멱라수(汨羅水)를 건너려 할 때, 자신의 처지가 굴원과 비슷하여 「조굴원부(弔屈原賦)」를 지어 감개를 표현하였다.

이 말은 가생의 「복조부(鵩鳥賦)」에 나오는 말이다.

어리석은 이들은 자기만 생각하고
남을 낮추고 자기를 귀하다 하네
통달한 사람은 넓게 보고
어떤 사물을 보건 한결 같다네
탐욕스런 사람은 재물을 위해 죽고
열사는 명예를 위해 죽으며

허풍쟁이는 권세 때문에 죽고
중생은 단지 삶에만 매달리지
이익에 유혹되고 가난에 쫓기는 무리는
이리저리 바삐 뛰어다니네
대인은 사물에 굴하지 않고
수많은 변화를 만나도 한결같다네.

小知自私兮 賤彼貴我 소지자사혜 천피귀아
通人大觀兮 物無不可 통인대관혜 물무불가
貪夫徇財兮 烈士徇名 탐부순재혜 렬사순명
誇者死權兮 品庶馮生 과자사권혜 품서풍생
怵迫之徒兮 或趨西東 술박지도혜 혹추서동
大人不曲兮 億變齊同 대인불곡혜 억변제동

❻ 我歌查唱 (아가사창) 我歌查唱 나 **我** 노래 **歌** 사돈 **查** 노래 **唱**

내가 부를 노래를 사돈이 부른다는 뜻으로, 책망을 들을 사람이 도리어 책망을 한다는 말. 비슷한 뜻으로, 「적반하장(賊反荷杖)」과 손이 도리어 주인행세를 한다는 뜻의 「객반위주(客反爲主)」가 있다.

❼ 道見桑婦 (도견상부) 道见桑妇 길 **道** 볼 **見** 뽕나무 **桑** 지어미 **婦**

눈앞의 일시적인 이익을 좇다 기존에 가지고 있던 것까지 잃음.

「길에서 뽕을 따는 여자를 보고 말을 한다(사통)」라는 뜻으로, 하고 싶은 대로 일시적인 이익을 구하려다가 결국에는 기존에 갖고 있던 것까지 모두 잃게 됨을 비유하는 말. 지나친 욕심을 경계하는 말이다.

진문공 복국도(復國圖)

춘추전국시대 진(晉)나라의 문공(文公)이 나라 밖으로 나가 제후들을 모아 위(衛)나라를 정벌하고자 하였다. 그 때 공자(公子) 서(鋤)가 하늘을 우러러보며 크게 웃었다.

이를 본 문공이 물었다.

「그대는 어찌하여 그렇게 웃는 것이오?」

공자 서가 말했다.

「신이 웃는 것은, 이웃사람 중에 그 아내가 사가(私家)로 가는 것을 배웅하다가 길가에서 뽕잎을 따는 여자를 보고 기쁘게 그녀와 더불어 이야기를 나누었습니다. 그러다가 뒤돌아서서 그의 아내를 보니 아내 역시 손짓하여 부르는 남자가 있었습니다. 신은 이 남자의 일을 생각하고 웃은 것입니다(臣笑隣之人有送其妻適私家者 道見桑婦 悅而與言 然顧視其妻 亦有招之者矣 臣竊笑此也)」

문공은 이 말을 듣고 깨달은 바가 있어 곧 위나라를 정벌하려던 계획을 포기하고 돌아왔다. 문공이 미처 국내로 돌아오지 못하였을 때 진나라의 북쪽 변방의 땅을 침범하는 나라가 있었다.

진문공

「도견상부」는 내가 할 수 있는 일은 남도 할 수 있다는 비유로, 내가 남의 땅을 넘보는 사이에 자기 나라가 공격의 대상이 될 수 있다는 이야기이다. 이와 같이 누구나 생각하고 행동할 수 있는 일을 가지고 자기만 한다는 착각에 빠져 작은 이익을 찾아 뛰어들었다가 기왕에 가지고 있던 것마저 잃게 된다는 뜻이다.

「욕심이 사람 죽인다」는 속담이 있다.

또 「달리는 노루를 돌아보면 잡았던 토끼를 놓친다(奔獐顧 放獲兎)」는 말도 있다. 인간의 끊임없는 욕심 때문에 벌어지는 사건들이 너무나도 많다. 남의 것을 탐낼 것이 아니라, 자신이 가진 것을 지키며 열심히 살 일이다.

❽ 隨珠彈雀 (수주탄작) 随珠弹雀 따를 **隨** 구슬 **珠** 쏠 **彈** 참새 **雀**

「수후의 구슬로 참새를 쏜다」라는 뜻으로, 작은 것을 얻기 위하여 귀한 것을 버리는 일을 비유하는 말이다.

수주(隨珠)는 수후(隨侯)의 구슬이라는 말로, 춘추전국시대의 수(隨)나라 제후가 큰 상처를 입은 뱀을 구해준 보답으로 받은 야광주(夜光珠)

를 이른다. 「화씨벽(和氏璧)」과 함께 수주화벽(隨株和璧)이라 칭해지며, 천하제일의 보물로 비유된다.

「대체로 성인은 행동을 하되 반드시 무엇을 할 것인지와 어떻게 할 것인지를 미리 살피고 시작한다. 만약 어떤 사람이 진귀한 수후의 구슬로 참새를 쏜다면 그를 바보라고 비웃을 것이다. 왜냐하면 잃는 것이 얻는 것보다도 더 귀중하기 때문이다. 그렇다면 왜 목숨은 진주보다도 더 귀중한데 목숨과 부귀를 바꾸려 하는가?」

전국시대 옥벽

노(魯)나라 군주가 안합(顔闔)이 도를 터득한 사람이라는 말을 듣고, 사람을 시켜 후한 예물을 보내 모셔오게 하였다. 안합은 누추한 집에서 삼베옷을 입고 소에게 여물을 먹이고 있었다.

사신이 안합의 집에 이르자 안합이 몸소 맞이하였다. 사신이 예물을 바치자, 안합은 사람을 잘못 찾아온 것인지도 모르니 돌아가서 다시 한번 확인해 보라고 말했다. 사신이 돌아가 확인한 다음 다시 와서 안합을 찾았으나 그는 이미 어디론가 사라진 뒤였다.

안합 같은 사람은 굴러오는 복도 받으려 하지 않지만, 어떤 사람들은 부귀공명을 위해 목숨까지 걸고 나선다는 이야기다.

43. 外受傳訓 入奉母儀 (외수부훈 입봉모의) 外受傅训 入奉母仪

❶ 內憂外患 (내우외환)

❷ 受寵若驚 (수총약경)

❸ 一傅衆咻 (일부중휴)

❹ 過庭之訓 (과정지훈)

❺ 怨入骨髓 (원입골수)

❻ 馬上奉導 (마상봉도)

❼ 慈母敗子 (자모패자)

❽ 入奉母儀 (입봉모의)

풀이

❶ 內憂外患 (내우외환) 內忧外患 안 內 근심 憂 바깥 外 환난 患

「내부에서 일어나는 근심과 외부로부터 받는 근심」이란 뜻으로, 나라 안팎의 여러 가지 근심 걱정을 이르는 말이다.

춘추시대 중엽(BC 576년) 송나라는 서문 밖에서 진나라와 초나라를 설득하여 맹약을 체결했다. 서로 불가침의 규약을 지킴으로써 평화를 도모하고 한쪽이 이를 어길 때엔 나머지 두 나라가 연합하여 공격한다는 것이 골자였다. 그런데 이듬해 575년에는 진의 영공과 초의 공왕 사이에 마찰이 생겨 언릉(焉陵)에서 대치했다.

이 전투에서 초나라 공왕이 눈에 화살을 맞고 패주하더니 나라의 기세가 크게 꺾이는 비운을 맞이했다. 이러한 일이 있기 전 낙서(樂書)라는 이는 진나라에 항거하는 정나라를 치기 위해 동원령을 내렸다. 초나라와 일전불사를 외치자 범문자가 반대했다.

당시에 진나라 내부에서는 극씨(郤氏)·낙서(樂書)·범문자(范文子) 등의 대부들이 정치를 좌우할 만큼 큰 세력을 가지고 있었다.

범문자는, 「제후로 있는 사람이 반란하면 이것을 토벌하고, 공격을 당하면 이를 구원하여 나라는 이로써 혼란해진다. 따라서 제후는 어려움의 근본이다」라고 말했다. 그러나 낙서의 생각은 달랐다.

「오직 성인만이 안으로부터의 근심도, 밖으로부터의 재난도 능히 견디지만, 성인이 아닌 우리들에게는 밖으로부터의 재난이 없으면 반드시 안으로부터 일어나는 근심이 있다(唯聖人能外內無患 自非聖人 外寧必有內憂)」

❷ 受寵若驚 (수총약경) 受宠若惊 받을 受 사랑할 寵 만약 若 놀랄 驚

총애를 받으면 어쩔 줄 모름.

「총애를 받는 것을 놀란 것같이 한다」라는 뜻으로, 누군가로부터 뜻밖의 총애를 받게 되어 기뻐 놀라워하면서도 마음 한 구석으로는 불안을 느낀다는 말이다.

《노자》에 있는 말이다.

「총애를 받거나 굴욕을 받거나 늘 놀란 것같이 하고, 큰 걱정을 귀하게 여기기를 내 몸과 같이 하라. 총애를 받거나 굴욕을 받는 것을 놀란 것같이 한다는 것은 무엇을 말하는가. 총애는 위에 있는 것이고, 굴욕은 아래에 있는 것이니, 그것을 얻게 되어도 놀란 듯이 하고, 그것을 잃게 되어도 놀란 듯이 하는 것을 총욕약경이라고 이른다(寵辱若驚 貴大患若身 何謂寵辱若驚 寵爲上 辱爲下 得之若驚 失之若驚 是謂寵辱若驚)」

《당서》 노승경전(盧承慶傳)에도 나오는 말이다.

당나라 초기에 고공원외랑(考功員外郎)의 벼슬에 있는 노승경이라는 사람이 있었다.

고공(考功)이라는 것은 관리들의 언행을 살펴서 고과점수를 내는 것이 임무였는데, 노승경은 그의 직무에 충실하여 비교적 공정하게 일을 처리했다고 한다.

한번은 식량을 수송하는 관헌이 식량을 실은 배를 침몰시킨 사고가 발생하였다. 이에 노승경은 그를 중하(中下)로 평정하고 본인의 뜻을 물었더니 본인은 아무런 이의도 없다고 하였다.

그러나 다시 생각해 보니 배가 침몰된 것은 그 한 사람만의 책임도 아니고 또한 사람의 힘으로 만회할 수도 없는 일이기에 그 관헌을 다시 중중(中中)으로 평정하고 본인의 뜻을 물었다. 그래도 그는 여전히 아무런 이의도 없다는 것이었다. 이에 노승경은 그를 찬양하여 총욕불경(寵辱不驚)이라고 하였다.

이렇게 해서 총애를 받거나 수모를 당해도 대수롭게 여기지 않는 것을 가리켜 총욕불경이라고 하는 한편 그와 반대되는 것을 「총욕약경(寵辱若驚)」이라고 하게 된 것이다.

노자 송하기우도(松下騎牛圖)

여기에서 「피총약경(被寵若驚)」이라는 성구가 나와 「수총약경」으로 되었다.

총애를 받거나 찬양의 말을 들었을 때 좋아서 어쩔 줄 모르는 모습을 비아냥거리는 말로 쓰이기도 한다.

❸ 一傳衆咻 (일부중휴)

一傳衆咻 한 一 스승 傅 무리 衆 떠들 咻

한 사람이 가르치는데 여러 사람이 듣지 않고 떠든다는 뜻으로, 학습 환경이 좋지 않거나 환경의 영향으로 인해 일의 성과가 없음을 이르는 말. 《맹자(孟子)》 등문공하편 「대불승장(戴不勝章)」에 있는 말이다.

전국시대 때 맹자가 송(宋)나라의 공족(公族)인 대불승(戴不勝)이 강왕을 도와 인정(仁政)을 베풀고자 설거주(薛居州)로 하여금 왕을 보필하게 하였다.

곡부에 있는 맹자의 고거(古居)

이 소식을 들은 맹자가 송나라를 방문하여 대불승을 만나 묻기를, 어떤 초(楚)나라 대부가 자기 아들에게 제(齊)나라 말을 배우게 하려는데, 제나라 사람으로 하여금 가르치는 것이 나은지, 초나라 사람으로 하여금 가르치는 것이 나은지를 물었다. 대불승은 당연히 제나라 사람을 시켜서 가르치겠다고 답하자, 맹자는 다음과 같이 말했다.

「한 명의 제나라 사람이 그를 가르치고, 뭇 초나라 사람이 그에게 떠들어댄다면(一齊人傅之 衆楚人咻之), 비록 매일 회초리로 때리며 제나라 말을 배우기를 요구하더라도 배우지 못할 것입니다. 그를 몇 년 동안 제나라의 번화한 길거리에 데려다두고 배우게 한다 할지라도 되지 않을 것입니다」

이어서 맹자는 이렇게 말했다.

「즉, 대부께서는 설거주를 착한 선비로 평가하여 그로 하여금 왕의 처소에 거처하게 하였는데, 왕의 처소에 있는 자들이 나이 많은 사람이나 어린 사람, 계급이 낮은 사람이나 높은 사람이 모두 설거주와 같다면 왕이 누구와 더불어 착하지 않은 일을 하겠으며, 왕의 처소에 있는 자들이 나이 많은 사람이나 어린 사람, 계급이 낮은 사람이나 높은 사람이 모두 설거주와 같지 않다면 왕이 누구와 더불어 착한 일을 하겠습니까? 설거주 한 사람이 홀로 송(宋)나라 왕을 어떻게 하겠습니까?」

말 많은 집은 장맛도 쓴 법이다. 아무리 이루려고 해도 주위에서 방해를 하면 이루기 어렵다. 이와 반대되는 표현으로 「곧은 삼밭 속에서 자란 쑥은 곧게 자라게 되는 것처럼 선한 사람과 사귀면 그 감화를 받아 자연히 선해진다」는 「마중지봉(麻中之蓬)」이라는 성어가 있다.

❹ 過庭之訓 (과정지훈) 过庭之训 지날 **過** 뜰 **庭** 의 **之** 가르칠 **訓**

가정교훈을 「정훈(庭訓)」이라고 한다. 특히 아버지가 그 아들에 대해 준 교훈을 말한다. 가정교훈이란 말이 약해져서 「정훈」이 되었다고 생각해도 틀릴 것은 없다. 그러나 이 말은 정(庭)이 가정이란 말이 약해진 것이 아니고 글자 그대로 마당이니 뜰이니 하는 뜻으로 쓰인 것이다.

위대한 스승인 공자는 자기 아들 백어(伯魚)에게 어떠한 교육을 하고 있었을까? 성인이며 군자로서 도(道)를 역설해 온 공자일지라도 자기 아들에 대해서만은 일반 제자와는 구별하여 특별한 교육을 가르치고 있지나 않은지, 하고 생각한 진항(陳亢)이라는 공자의 제자가 있었다.

《논어》 계씨편(季氏篇)에 있는 공자와 그 아들 백어와의 사이에 있었던 이야기에서 생긴 말로 거기에는 다만 백어가 빠른 걸음으로 뜰을

과정시례(過庭詩禮 : 정원에서 시경과 예기를 배우도록 가르치다)

지나갔다고만 나와 있을 뿐이다. 그 이야기는 다음과 같다.

진항이란 공자의 제자가 공자의 아들 백어에게 물었다.

「당신은 아버님으로부터 뭔가 특별한 가르침을 받은 일이 있습니까?」

「그런 건 없습니다. 언젠가 혼자 서 계시기에 빠른 걸음으로 뜰을 지나고 있는데 『시(詩)를 배웠느냐?』 고 물으셨습니다. 그래 아직 배우지 못했다고 했더니, 『시를 배우지 않으면 남과 말을 할 수 없다』 고 하시더군요. 그래서 돌아와 시를 공부했지요. 또 언젠가 혼자 계실 때 빠른 걸음으로 뜰을 지나가고 있는데, 『예를 배웠느냐?』 고 물으시더군요. 그래 배우지 못했다고 했더니, 『예를 배우지 못하면 세상을 올바로 살아갈 수 없다』 고 하셨습니다. 그래서 돌아와 예를 배웠지요. 이 두 가지 가르침을 들은 것뿐 아무것도 없습니다」

시(詩 : 시경)와 예(禮 : 예기)는 공자가 가장 중시한 수학(修學)의 토대였지만, 그 시와 예에 대하여 자기 아들이라 할지라도 뜰에서 만났을 때 이상으로 특별교육을 하지는 않았다.

그러자 진항은 물러나와 사람들을 보고 기뻐하며 말했다.

「나는 한 가지를 물어서 세 가지를 얻었다. 『시(詩)』에 대해서 듣고, 『예(禮)』에 대해서 듣고, 그리고 군자가 그 아들을 멀리하는 것을 알았다」

옛날에는 아버지가 직접 자식을 가르치는 것을 피했다. 이른바 「역자이교지(易子而教之)」라는 것이다. 백어도 다른 곳에서 공부하고 있었음을 이로써 알 수 있다. 그러나 뜰을 지나가는 아들을 불러 세워놓고 그에게 시를 배우라 하고 예를 배우라 한 것은 간접적인 가르침을 내리고 있는 예다. 즉 자식을 뜰에서 가르친 것이 된다.

공자는 이처럼 아들에게 세세한 가르침을 주지 않고, 그저 뜰을 지나는 아들을 불러 간접적으로 가르침을 주었을 뿐이다. 뜰을 지날 때의 가르침이라 하여 과정지훈(過庭之訓) 또는 추정(趨庭)이라고도 한다.

❺ 怨入骨髓 (원입골수)

怨入骨髓　　원한 **怨** 들 **入** 뼈 **骨** 골수 **髓**

「원입골수」는 글자 그대로 원한이 뼈 속까지 들어가 있다는 뜻으로 곧 뼈에 사무친 원한을 말한다.

춘추시대 오패(五覇)의 한 사람인 진목공은 그가 도와 패천하(覇天下)까지 하게 만들었던 진문공이 죽자, 그 기회를 틈타 멀리 정(鄭)나라를 치게 된다. 노 재상인 백리해(百里奚)와 건숙(蹇叔)의 반대를 물리치고 진(晋)나라 국경을 거쳐 감행된 일대 모험이었다.

이 소식을 전해들은 진양공은, 자기를 무시한 행동이라 하여 상복차림으로 군대를 보내 진목공의 군사가 돌아오는 길을 앞뒤로 차단하고, 이에 공격을 가함으로써 적의 군사를 한 사람도 남기지 않고 다 무찌른 다음, 적의 대장 맹명시(孟明視)와 백을병(白乙丙), 서걸술(西乞術) 등 이른바 진나라 삼수(三帥)를 사로잡아 돌아온다.

진목공

그리고 이 싸움의 총 지휘자는 중군원수 선진(先軫)이었는데, 이런 큰 전과를 올리게 된 것도 다 그의 용의주도한 계획에서였다. 그런데 진문공의 부인 문영(文嬴)은 진목공의 딸로 진양공에 대해서는 어머니뻘이 되는 현철한 여자였다. 문영은 아버지 진목공의 배경에 의해 진문공의 정부인으로 시집을 오기는 했으나, 문공에게 과거에 장가든 아내와 거기서 난 자식이 있다는 것을 알자, 굳이 먼저 아내에게 자리를 양보하는 한편 그 아들까지 태자로 세우게 했다.

그렇게 해서 문공의 뒤를 이어 임금이 된 것이 바로 진양공이었다. 그러므로 양공으로서는 문영이 더없이 고마운 존재였고, 또 그만큼 우러러보는 처지이기도 했다.

이 문영은 이번 사건으로 마음이 착잡했다. 친정과 시집의 싸움 틈바구니에 낀 자신이 할 일은 뒷날의 원수를 더 깊게 하지 않는 것뿐이었다. 그래서 그녀는 포로로 잡혀온 세 장군을 어떻게든지 돌려보내고 싶었다. 그리하여 양공에게 이렇게 청했다.

「진(秦)나라 임금은 이 세 사람을 뼛속에 사무치도록 원망하고 있을 터이니, 이 세 사람을 돌려보내 우리 아버지로 하여금 직접 이들을 기름가마에 넣어 한을 풀게 해주세요」

진양공은 지난날의 정의를 생각해 볼 때 그런 정도의 아량은 베풀어 보이는 것이 당연할 것만 같았다. 양공은 곧 이들 세 장수를 풀어 본국으로 돌아가게 했다. 그러나 소식을 전해들은 선진은 먹던 밥을 뱉어내고 양공에게로 달려가 사실을 확인하자, 침을 탁 뱉고 격한 나머지 임금을 철이 없다고 꾸중을 했다.

늙은 자신이 천신만고로 이룬 공을 여자의 말 한 마디로 망쳐 버린 것이 너무도 분하고 원망스러웠던 것이다. 양공은 용상에서 급히 내려와 선진에게 사과를 하고 곧 사람을 보내 그들을 다시 잡아오게 했다. 그러나 그들은 이미 대기하고 있던 자기 나라 배를 타고 강 한복판에 떠 있는 뒤였다.

선진이 예측한 대로, 진목공은 이들 세 장수를 성 밖까지 나와 환영을 하고 그들을 본래의 지위에 다시 두어 더욱 후대를 함으로써 마침내는 패자가 될 수 있었다. 진목공은 이 세 사람에 대한 원한이 아니라 자기 자신의 잘못에 대한 후회가 뼈에 사무치도록 깊었기 때문에 마침내 큰 뜻을 이루게 된 것이다.

이 「원입골수」는 《사기》 진본기(秦本紀)에 있는 「목공이 이 세 사람을 원망함이 골수에 들어 있다」는 말에서 나온 것이다.

❻ 馬上奉導 (마상봉도) 马上奉导 말 **馬** 위 **上** 받들 **奉** 이끌 **導**

옛날 임금이 능행 때에 말에 오르면 일산을 우긋하게 잘 받쳐 들리고 편히 모시라고 외치는 소리.

봉도별감(奉導別監)이 먼저 「일산 우버 시위」라 부르면 여러 별감(別監)이 「일산 훠 우버 시위라, 견마부 안가 뫼라」고 자꾸 외침.

액정서(掖庭署) 소속의 봉도별감이 연·옥교의 머리채를 잡고 나가면서, 가교와 마상(馬上)일 때는 옆에 따르면서, 목청을 높였다 낮추었다 하여 길고 느리게 「시위, 예 시위」하고 부르면 여러 별감이 이에 따라서 창화(唱和)하였다. 가교봉도(駕轎奉導)·옥교봉도(玉轎奉導)·출문봉도(出門奉導)·마상봉도·동대문봉도·전로봉도(前路奉導) 등이 있었다.

⑦ 慈母敗子 (자모패자)

慈母敗子 사랑할 **慈** 어미 **母** 패할 **敗** 아들 **子**

한비자 석조상

「자애가 지나친 어머니 밑에서는 몹쓸 자식이 나온다」는 뜻으로, 자식에 대한 사랑이 지나치면 그 자식이 방자하고 버릇없는 사람이 됨을 비유하는 말이다.

《한비자》 현학편에 있는 말이다.

「무릇 엄한 집에는 사나운 종이 없지만, 자애로운 어머니에게는 집안을 망치는 자식이 있다. 나는 이로써 위세는 난폭한 행위를 금할 수 있지만, 후덕함으로는 어지러움을 그치게 할 수 없음을 안다(夫嚴家無悍虜 而慈母有敗子 吾以此知威勢之可以禁暴 而德厚之不足以止亂也)」

또 《사기》 이사열전(李斯列傳)에도 이렇게 말하고 있다.

「그러므로 한비자가 『자애로운 어머니 밑에서 몹쓸 자식이 자라지만 엄격한 집에는 거스르는 종이 없다』 라고 하였으니, 왜 그렇겠습니까? 바로 벌을 줄 만한 일은 반드시 벌을 주기 때문입니다(故韓子曰 慈母有敗子而嚴家無格虜者 何也 則能罰之加焉必也)」

이 한비자의 말들은 원래 엄격한 법치를 주장하기 위하여 인용된 것이다. 가풍이 엄격한 집안에는 이를 거스르는 사나운 종이 있을 수 없지만, 어머니가 지나치게 사랑을 쏟으면 그 자식은 응석받이가 되어 점점 버릇없고 방자하게 자라 결국에는 집안을 망치게 될 수도 있다.

요즈음 말로 하면 과잉보호로 키운 자식이 패가망신에 이르는 격이다. 옛날에는 엄부자모(嚴父慈母)를 이상적인 부모상으로 삼기도 하였으나, 자애로움이 지나치면 자식을 망치게 된다.

❽ 入奉母儀(입봉모의) 入奉母仪 들 入 받들 奉 어미 母 거동 儀

집안에서는 어머니의 몸가짐을 받든다.

《천자문》에 있는 말이다.

「밖에 나가서는 스승의 가르침을 받고, 집안에서는 어머니의 몸가짐을 받든다(外受傅訓 入奉母儀)」

자식은 성장하면 밖에서는 스승의 가르침을 받고, 집에 돌아와서는 어머니의 거동을 본받는다. 어머니는 여기에서 가정으로 보면 된다. 남자는 10세가 되면 바깥으로 나가 스승에게 배우고, 여자는 10세가 되면 밖에 나가지 않고 집 안에서 가르침을 듣는다는 말이다.

44. 諸姑伯叔 猶子比兒 (제고백숙 유자비아) 诸姑伯叔 犹子比儿

❶		反(반)	求(구)	諸(제)	己(기)		
❷			麻(마)	姑(고)	搔(소)	癢(양)	
❸				伯(백)	樂(낙)	一(일)	顧(고)
❹		伯(백)	夷(이)	叔(숙)	齊(제)		
❺		困(곤)	獸(수)	猶(유)	鬪(투)		
❻			孺(유)	子(자)	可(가)	敎(교)	
❼			笑(소)	比(비)	河(하)	淸(청)	
❽	荊(형)	妻(처)	豚(돈)	兒(아)			

풀이

❶ 反求諸己 (반구저기)

反求诸己　돌이킬 **反** 구할 **求** 어조사 **諸**(저) 몸 **己**

남 탓 하지 않고 잘못의 원인을 자신에게서 찾는다.

「행유부득반구저기(行有不得反求諸己)」에서 온 말이다. 즉 행동을 해서 원하는 결과가 얻어지지 않더라도 자기 자신을 돌아보고 원인을 찾아야 한다는 말이다.

우임금

「반궁자문(反躬自問)」 또는 「반궁자성(反躬自省)」이라고도 한다.

《맹자》 이루 상편에, 「행하여도 얻지 못하거든 자기 자신에게서 잘못을 구할 것이니(行有不得者皆反求諸己), 자신의 몸이 바르면 천하가 돌아올 것이다」 라는 구절이 있다.

유사한 표현으로 《논어》 위령공편에, 「군자는 허물을 자신에게서 구하고, 소인은 허물을 남에게서 구한다(君子求諸己 小人求諸人)」 라는 구절이 있다. 우임금의 아들 백계(伯啓)로부터 유래된 말이다.

우임금이 하나라를 다스릴 때, 제후인 유호씨(有扈氏)가 군사를 일으켜 쳐들어왔다. 우임금은 아들 백계로 하여금 군대를 이끌고 가서 싸우게 하였으나 참패하였다.

백계의 부하들은 패배를 인정하지 못하여 다시 한 번 싸우자고 하였다. 그러나 백계는 이렇게 말했다.

「나는 유호씨에 비하여 병력이 적지 않고 근거지가 적지 않거늘 결국 패배하고 말았다. 이는 나의 덕행이 그보다 못하고, 부하를 가르치는 방법이 그보다 못하기 때문이다. 그러므로 나는 먼저 나 자신에게서 잘못을 찾아 고쳐 나가도록 하겠다」

이후 백계는 더욱 분발하여 날마다 일찍 일어나 일을 하고 검소하게 생활하며, 백성을 아끼고 품덕이 있는 사람을 존중하였다. 이렇게 1년이 지나자 유호씨도 그 사정을 알고 감히 침범하지 못하였을 뿐 아니라 결국에는 백계에게 감복하여 귀순하였다.

이로부터 「반구저기」는 어떤 일이 잘못 되었을 때 그 잘못의 원인을 자기 자신에게서 찾는 말로 사용되었다.

이 말은 우리말의 「내 탓이요」와 의미가 통하며, 「잘 되면 제 탓, 안 되면 조상 탓」이라는 속담과는 상반된 뜻이다.

❷ 麻姑搔痒 (마고소양)

麻姑搔痒 삼 **麻** 시어미 **姑** 긁을 **搔** 가려울 **痒**

마고라는 손톱이 긴 선녀가 가려운 곳을 긁어 준다는 말로, 일이 뜻대로 됨을 비유하는 말.

동진의 갈홍(葛洪)이 찬한 《신선전(神仙傳)》 마고(麻姑)편에 있는 이야기다. 《신선전》은 신선의 행적을 주요 내용으로 하고 장생불사를 중심 주제로 한 신선 설화집이자 신선 전기집이다.

한(漢)나라 환제(桓帝) 때 마고라는 선녀가 무리들과 함께 수도 장안(長安)에 들어와 채경(蔡經)이라는 관리의 집에 머물게 되었다.

마고의 손톱은 사람의 손톱과는 달리 길고 뾰족한 것이 마치 새의 발톱처럼 생겼다. 마고를 영접한 채경은 마고의 손톱을 보는 순간 마음속으로 이런 생각을 하였다.

「등이 가려울 때 저 손톱으로 긁는다면 얼마나 시원하겠는가!」

그런데 채경의 이런 불경(不敬)한 생각은 바로 선녀들에게 읽히고 말았다. 방평(方平)이라는 선녀가 마음속으로 중얼거린 채경의 생각을 읽은 것이다.

마고선녀(청 朱瑞凝)

방평은 곧 사람들을 불러 그를 끌어다 채찍질하고는, 「마고는 선녀이다. 너는 어찌하여 불경스럽게도 마고의 손톱으로 등을 긁을 수 있을 것이라는 생각을 하느냐 !」 하고 꾸짖었다.

「마고소양」 은 힘이나 능력을 가진 사람의 도움으로 자기의 원하는 바를 뜻대로 이룸을 이르는 말이다. 오늘날에는 뜻이 확대되어 자기 일이 뜻대로 이루어짐을 비유하는 말로도 쓰인다. 「마고파양(麻姑爬痒)」 과 같은 말이다.

❸ 伯樂一顧 (백낙일고) 伯乐一顾 맏이 **伯** 즐거울 **樂** 한 **一** 돌아볼 **顧**

자기의 재능을 남이 알아주어 인정을 받는 것을 비유하여 이르는 말.

백낙(伯樂)은 원래 별 이름이다. 이 별은 하늘에서 말을 다스리는 일을 맡고 있기 때문에 남의 말의 좋고 나쁜 것을 잘 아는 사람을 「백낙」이라고 부르게 되었다.

하루 천 리를 달릴 수 있는 말도 이를 알아주는 사람이 없으면 짐수레를 끌며 늙고 만다는 뜻이다. 즉 아무리 재주가 뛰어난 사람도 이를 알아주는 사람이 없으면 출세를 하지 못함을 이르는 말이다.

춘추시대 진목공(秦穆公 : 재위 BC 660~621) 때 손양(孫陽)이란 사람이 말을 잘 알아보았기 때문에 세상 사람들은 그를 백낙이라 불렀다. 언젠가 손양이 천리마가 다른 짐말과 함께 소금수레를 끌고 고갯길을 올라오는 것을 마주치게 되었다. 말은 고갯길로 접어들자 발길을 멈추고 멍에를 맨 채 땅에 무릎을 꿇었다. 그리고는 손양을 쳐다보며 큰 소리로 울었다. 손양은 수레에서 내려,

「너에게 소금수레를 끌리다니!」 하며 말의 목을 잡고 함께 울었다. 말은 고개를 숙여 한숨을 짓고 다시 고개를 들어 울었다. 그 우렁차고 슬픈 소리는 하늘에까지 울렸다.

백낙과 천리마 이야기는 꽤 오랜 옛날부터 전해오고 있는데, 가장 널리 알려진 것은 한유(韓愈)의 《잡설(雜說)》에 나와 있다. 잡설은 수필과 비슷한 뜻이다.

「세상에 백낙이 있은 뒤에라야 천리마가 있는 법이다. 천리마는 항상 있지만, 백낙은 항상 있지 못하다……(世有伯樂然後有千里馬 千里

馬常有而伯樂不常有……)」

이것은 유명한 말이다. 세상에 인재는 늘 있는 법이다. 다만 그 인재를 알아주는 인물이 없다는 것을 힘주어 말한 데 특색이 있다. 또 천리마는 때로는 한 끼에 곡식 한 섬을 먹는데, 말을 먹이는 사람은 그것이 천리마인 줄을 모르고 먹이는 터라 말은 배가 고파 힘을 낼 수 없어 그 능력을 보여줄 수 없게 된다고 했다.

백낙상마도(伯樂相馬圖, 미상)

아무리 재능이 있는 사람일지라도 그 재능을 발휘할 수 있는 여건이 이루어지지 못하면 보통 사람보다 오히려 더 못해 보일 경우도 있다는 것을 비유해 말한 것이다. 한신 같은 재주도 장량(張良)과 소하(蕭何)만이 알았고, 범증 같은 모사도 항우 밑에서는 아무 소용이 없었다.

《전국책》에 이런 이야기가 있다.

「어떤 사람이 백낙을 만나 말하기를 『제게 준마가 한 필 있어 지난번에 팔려고 했습니다. 그러나 사흘이나 저잣거리에 내놓았지만 누구 한 사람 거들떠보지도 않더군요. 청컨대 제 말을 한번 살펴보아 주십시오. 사례는 충분히 하겠습니다』했습니다. 그래서 백낙이 가서 그 말을 한번 살펴보고는 돌아갔습니다. 그러자 말 값이 갑자기 열 배로 치솟으며 서로 사겠다고 아우성을 쳤다는 것입니다」

이 이야기에서 「백낙이 한번 돌아보았다(伯樂一顧)」는 성구가 나왔는데, 아무리 역량이 탁월한 사람도 뛰어난 사람의 인정을 받아야 그

가치가 드러난다는 뜻으로 사용되고 있다.

❹ 伯夷叔齊(백이숙제) 伯夷叔齐 맏 **伯** 오랑캐 **夷** 아재비 **叔** 가지런할 **齊**

은(殷)나라 제후 고죽군(孤竹君)의 두 아들 백이와 숙제. 백이는 성(姓)이 묵(墨), 이름 윤(允), 자 공신(公信), 시호가 이(夷)이고, 숙제는 이름 지(智), 자 공원(公遠), 시호가 제(齊)이며, 형이니까 伯, 동생이니까 叔을 붙인 말이다. 주(周)나라 무왕(武王)이 은나라 주왕을 멸하자 신하가 천자를 토벌한다고 반대하며 주나라의 곡식을 먹기를 거부하고 수양산(首陽山)에서 굶어 죽었다.

백(伯)과 숙(叔)은 장유(長幼)를 나타낸다. 본래는 은(殷)나라 고죽국(孤竹國 : 하북성 창여현 부근)의 왕자였는데, 아버지가 죽은 뒤 서로 후계자가 되기를 사양하다가 끝내 두 사람 모두 나라를 떠났고, 가운데 아들이 왕위를 이었다. 그 무렵 주(周)나라 무왕(武王)이 은나라의 주왕(紂王)을 토멸하여 주 왕조를 세우자, 두 사람은 무왕의 행위가 인의(仁義)에 위배되는 것이라 하여 주나라의 곡식을 먹기를 거부하고, 수양산에 들어가 몸을 숨기고 고사리를 캐먹고 지내다가 굶어죽었다. 유가(儒

채미도(采薇圖, 수양산 백이숙제. 北宋 화가 이당)

家)에서는 이들을 청절지사(淸節之士)로 크게 높였다.

⑤ 困獸猶鬪 (곤수유투)

困兽犹鬪 괴로울 **困** 짐승 **獸** 오히려 **猶** 싸울 **鬪**

난관에 처한 사람이 더욱 저항한다. 위급할 때는 짐승도 적과 싸우려고 덤빈다는 뜻으로, 궁지에 몰린 사람이 최후의 발악을 하는 것을 비유한 말이다. 《좌씨전》에 있는 이야기다.

춘추시대 진(晉)나라의 경공(景公)이 초(楚)나라와의 싸움에서 크게 패하고 온 장수 순임보(荀林父)를 삭탈관직하고 참형에 처하려고 하자, 대부 사정자(士貞子)가 간언하였다.

「문공(文公) 때 우리 진나라가 성복에서 초나라와 싸워 크게 이겼으나 문공은 근심하였습니다. 신하들이 큰 승리를 거두었는데 걱정하는지 묻자, 문공은 『성복의 싸움을 지휘한 초나라의 재상 성득신(成得臣)이 살아 있는 한 근심하지 않을 수 없다. 곤경에 빠진 짐승도 힘껏 싸우는데, 한 나라의 재상은 말할 나위 있겠는가(困獸猶鬪 況國相乎)』라고 하였습니다. 성득신이 초나라 왕의 명령을 받고 죽었다는 소식을 듣고 문공은 자신을 해칠 사람이 없어 기뻐하였다고 합니다. 그 뒤부터 진나라는 초나라와의 싸움에서 모두 이겼으며 초나라는 점점 위력이 약해졌습니다. 순임보를 죽이는 것은 다시 초나라를 도와 승리하도록 하는 것이며 우리 진나라는 패하는 것입니다. 한번 패전한 것으로 충신 순임보를 죽게 할 수 없습니다」

사정자의 말을 들은 경공은 순임보의 죄를 면하고 관직도 되돌려주었다.

❻ 孺子可教

유자가교

孺子可敎 젖먹이 **孺** 아들 **子** 옳을 **可** 가르칠 **敎**

「젖먹이는 가르칠 만하다」는 뜻으로, 열심히 공부하는 아이를 칭찬할 때 이르는 말이다. 유방(劉邦)을 도와 한(漢)나라를 개국한 책사 장량(張良)에 얽힌 이야기다. 《십팔사략》 장량편에 있는 이야기다.

장량은 본래 한나라 사람이다. 박랑사(博浪沙)에서 시황제를 암살하려다 실패하고 쫓기는 몸이 되었다. 하비로 피신한 장량은, 어느 날 산책을 나갔다가 하비교에서 이상한 노인을 만났다.

장량 배사도(拜師圖)

맞은편에서 걸어오던 노인이 일부러 신발 한 짝을 다리 밑으로 떨어뜨리고는 장량에게 주워달라고 부탁했다. 장량이 신발을 주워오자, 노인은 자기 발에다 신을 신기라고 하는 것이었다. 장량은 묵묵히 무릎을 꿇고 노인에게 신을 신겨 주었다. 이 모습을 내려다보던 노인은 빙그레 웃고는 아무 말도 없이 가버렸다.

얼마를 가던 노인이 우두커니 서 있는 장량에게로 다시 돌아와서는, 「젊은이는 가르칠 만하다(孺子可敎)」 하고 말하더니, 닷새 후 아침에 다리 위에서 자신을 기다리라고 하는 것이었다. 닷새 후 장량은 날이 밝자마자 다리 위로 나왔다. 그런데 거기에는 이미 노인이 먼저 와 있었다. 노인은 화를 내면서 내일 다시 나오라고 하고는 가버렸다.

이튿날, 장량이 새벽에 다리로 나왔지만, 이번에도 노인이 먼저 나와 있었다. 사흘째도 마찬가지였다. 노인은 장량에게 약속시간을 지키지 않는다고 욕을 하면서 닷새 후에 다시 나오라고 하였다. 노인과 약속한 날, 캄캄한 새벽에 장량은 다리 위로 나갔다. 노인은 아직 오지 않았다. 한참을 기다리자 노인이 어둠 속에서 나타났다. 그제야 노인은 기뻐하며 장량에게 책 한 권을 주면서 10년 후에 제북(濟北)의 곡성산(穀城山) 아래에서 자기를 찾으라고 하였다.

그가 준 책은 《태공병법서》였으며, 노인은 황석공(黃石公)이라는 기인이었다. 그는 진(秦)나라 말의 은사(隱士)로 뛰어난 병법가였다. 그 책을 연구한 장량은 유방의 책사로서, 마침내 한나라의 개국공신이 되었다.

❼ 笑比河淸(소비하청) 笑比河淸 웃을 **笑** 견줄 **比** 황하 **河** 맑을 **淸**

맑은 황하(黃河)를 보는 것만큼이나 웃음을 보기가 어렵다. 근엄하여 좀처럼 웃지 않음의 비유. 근엄해서 여간해서 웃지 않는 것. 하(河)는 황하를 가리킨다. 황하는 「백년하청(百年河淸)을 기다린다」고 할 정도로 그 탁한 물이 맑아지는 법이 없다.

《송사(宋史)》에 있는 이야기다.

포증(包拯)은 어려서부터 효자로 유명하였고, 관직에 나선 이후로는 청렴한 관리로서 유명했다. 진종 함평 2년 4월 11일에 주부(廬州府) 합비현(合肥縣 : 지금의 안휘성 합비)에서 포원외의 셋째아들로 태어났다.

포증(포청천)

본명은 증(拯)이고 자는 희인이며, 청천(淸天)은 호다. 어머니는 며느리들과 비슷한 때 임신한 것을 부끄러워하여 그를 지우려 하였으나, 태몽을 꾸고는 포증을 낳았다고 한다.

포증은 어려서 포가촌의 일가, 하인의 자제들과도 스스럼없이 어울렸다 하며, 아버지 포원외가 들인 독선생을 모시고 수학했다. 뒤에 음서로 관직에 올랐으나 1027년(인종 5년)에 정묘과(丁卯科) 진사(進士)시험에 응시하여 장원하였다. 그러나 연로한 부모를 봉양하기 위하여 사임하였다

포증은 관료생활을 하는 동안 공평하고 사사로움이 없는 정치를 펼친 것으로 유명하다. 지방관으로 있을 때는 부당한 세금을 없애고 백성들의 억울한 사건을 명쾌하게 해결해 주었다. 판관이 되자 부패한 정치가들을 엄중하게 처벌하였으며, 높은 벼슬에 오른 뒤에도 소박하고 검소한 생활을 하여 청백리(淸白吏)로 칭송되었다. 오래 전에 「판관 포청천」이라는 드라마가 소개된 적이 있는데 그 포청천(包靑天)이 바로 포증이다. 얼굴이 검었다고 하며, 드라마에서는 양미간에 초승달이 있는 것처럼 묘사되었으나 실제 그에게는 초승달은 없었다.

포증이 단주(端州)에서 근무하다 전근을 가게 되었는데, 누군가 그 지방 특산물인 벼루를 기념으로 선물을 했는데 받지 않았다. 이런 이유로 사람들은 그에 대해서 오해를 했다.

그래서 사람들은 그의 얼굴을 검고 무시무시하게 묘사하기도 했다. 그 가운데서도 흥미로운 것은 포증이 좀처럼 웃지 않았다는 것인데, 그래서 사람들은, 「황하가 백 년에 한 번 맑아진다」는 「백년하청(百年河淸)」에 빗대어 포증의 웃음을 황하가 맑아지는 데 비유했다(笑比河淸).

❽ 荊妻豚兒(형처돈아) 荆妻豚儿 가시나무 **荊** 아내 **妻** 돼지 **豚** 아이 **兒**

가시나무 비녀를 꽂은 아내와 돼지새끼 같은 아들. 남에게 처자(妻子)를 겸손하게 이르는 말. 형처는 자기 아내를 낮추어 일컫는 말이고, 돈아는 자기 아들의 겸칭이다.

후한 때 양홍(梁鴻)의 아내 맹광(盟光)이 찔레꽃을 비녀로 사용했기에 아내를, 찔레꽃을 비녀로 한 아내, 즉 형처(荊妻)로 소개한 것이 기원이다.

그리고 돈아는 삼국시대 위(魏)나라 조조가 오(吳)나라 손권의 무용을 칭찬하여 「아들을 낳으면 손권과 같은 아들을 갖고 싶다. 유표(劉表)의 아들 유경승은 무기력한 돼지(豚) 같다」라고 한 데서 비롯된다.

45. 孔懷兄弟 同氣連枝 孔怀兄弟 同气连枝

공회형제 동기련지

❶ 孔子穿珠 (공자천주)

❷ 窮鳥入懷 (궁조입회)

❸ 難兄難弟 (난형난제)

❹ 四海兄弟 (사해형제)

❺ 同病相憐 (동병상련)

❻ 浩然之氣 (호연지기)

❼ 比翼連理 (비익연리)

❽ 桂林一枝 (계림일지)

풀이

❶ 孔子穿珠(공자천주) 孔子穿珠 구멍 **孔** 아들 **子** 뚫을 **穿** 구슬 **珠**

공자가 구슬을 꿴다는 말로, 자기보다 못한 사람에게 모르는 것을 묻는 것이 부끄러운 일이 아님을 말한 것이다. 곧 「불치하문(不恥下問)」과 같은 말이다.

공자가 진(陳)나라를 지나갈 때의 일이다. 공자는 어떤 사람에게 진귀한 구슬을 얻었는데, 그 구슬에 실을 꿰려고 했지만 아홉 구비나 구부러진 구멍 속으로는 도저히 실이 꿰어지지 않았다. 그래서 공자는 문득 아낙네라면 어렵지 않게 꿸 수 있으리라는 생각에 뽕을 따고 있던 한 아낙에게 그 방법을 물었다. 그러자 아낙은 이렇게 말했다.

「곰곰이 생각해 보십시오(密爾思之 思之密爾)」

조용히 깊이 생각하라는 뜻이다. 어려운 일이 닥쳤을 때 당황하지 않고 조용히 골똘히 깊게 생각에 몰입하면 해답을 얻을 수 있다는 말이다.

공자는 그 말대로 조용히 차분하게 생각한 끝에 그 뜻을 깨닫고는 무릎을 탁 쳤다. 그리고는 나무 밑에서 분주히 왔다 갔다 하는 개미 한 마리를 붙잡아 그 허리에 실을 잡아맸다. 그런 다음 개미를 구슬 한쪽 구멍으로 밀어 넣고 반대편 구멍에는 꿀을 발라 놓았다. 개미는 꿀을 찾아 이쪽 구멍에서 저쪽 구멍으로 나왔다. 실이 꿰어진 것이다.

공자는 특히 배우는 일을 매우 중요시했으며, 배움에 있어서는 나이의 많고 적음이나 신분의 높고 낮음에 개의치 않았다. 상대가 누구든 가리지 않고 나의 생각과 행동을 다듬는 스승으로 삼은 것이다.

「세 사람이 길을 가면 반드시 나의 스승이 있다(三人行必有我師)」

라는 유명한 말 역시 그의 학문 하는 태도를 잘 나타낸 말이다.

❷ 窮鳥入懷 (궁조입회) 穷鸟入怀 다할 **窮** 새 **鳥** 들 **入** 품을 **懷**

쫓긴 새가 품안에 날아든다는 뜻으로, 궁한 사람이 와서 의지함의 비유. 궁조입회하면 사냥꾼도 이를 쏘지 않는다. 《안씨가훈》

❸ 難兄難弟 (난형난제) 难兄难弟 어려울 **難** 맏이 **兄** 아우 **弟**

두 사물의 낫고 못함을 분간하기 어려움. 형 노릇하기도 어렵고 동생 노릇하기도 어렵다는 뜻이다. 어느 편이 더 낫다고 말할 수 없는 경우를 가리켜 난형난제라고 한다. 원래는 좋은 의미로만 사용되었는데, 뒤에는 좋지 못한 경우에도 쓰이게 되었고, 요즘은 오히려 좋지 못한 경우에 더 많이 쓰이고 있는 것 같다.

「양상군자(梁上君子)」란 말로 유명한 후한 말기의 진식(陳寔, 140~187)은 태구(太丘)의 현령이란 말직에 있으면서도, 그의 아들 진기(陳紀 : 자는 원방), 진심(陳諶 : 자는 계방)과 함께 3군(君)이라고 불릴 정도로 덕망이 높았다.

언젠가 손이 진식의 집에서 묵게 되었다. 진식은 진기와 진심 두 형제에게 밥을 짓도록 시켜 놓고 손과 토론에 열중하고 있었다.

두 형제는 쌀을 일어 밥을 지으면서도, 아버지와 손님의 토론에 귀를 기울이는 사이 그만 자신들도 모르게 이야기에 열중하고 말았다. 얼마

진식 공원

후 진식은 아들에게,

「밥은 다 되었느냐?」 하고 물었다. 그제야 정신이 들어 솥뚜껑을 열고 보았지만, 솥에는 밥이 아닌 죽이 끓고 있었다. 채반을 놓고 그 위에 쌀을 올려 찌게 되어 있는데, 이야기에 정신이 팔려 채반을 놓지 않고 쌀을 그대로 물속에 집어넣었기 때문이다.

두 아들은 무릎을 꿇고 사실대로 알린 다음 용서를 빌었다. 그러자 아버지는, 「그럼 너희들은 우리가 한 이야기를 알고 있겠구나」 하고 물었다.

「네, 대강은 알고 있습니다」

「그럼 어디 한번 이야기해 보려무나」

두 아들은 차근차근 조리 있게 대답을 했다. 놀랍게도 하나도 빠뜨리지 않고 요점을 다 알고 있는 것이었다.

「됐다. 그럼 죽이라도 상관없다. 용서는 빌지 않아도 된다」 하고 아버지는 미소를 지었다.

《세설신어》 숙혜편(夙惠篇)에 있는 이야기인데, 역시 같은 책 방정편(方正篇)에도 진기의 일곱 살 때의 이야기가 다음과 같이 실려 있다.

진식이 친구와 같이 어딘가에 가자는 약속을 한 일이 있었다. 한낮으로 시간을 정해 두었는데, 시간이 지나도록 친구가 나타나지 않자 진식은 먼저 떠나고 말았다. 뒤늦게 찾아온 친구는 문 밖에서 놀고 있는 진기에게, 아버지가 집에 계시느냐고 물었다.

진기가, 「아버님은 손님 오실 때를 오래 기다리시다가 오시지 않자 먼저 떠나셨어요」 하고 대답하자, 친구는 화를 버럭 내며, 「돼먹지 않은 녀석 같으니라고. 약속을 해두고 혼자서 먼저 가버리다니, 세상에 그런 법이 있담!」 하고 욕을 했다.

그러자 진기가 이렇게 대꾸를 하는 것이었다.

「손님께서 아버지와 정오에 만나기로 약속하셨지요? 그런데 한낮이 지나도록 오시지 않은 것은 손님께서 신의를 저버린 것이 아닐까요? 그리고 자식을 앞에 두고 그 아버지 욕을 한다는 것은 예의에 벗어난 일이 아닌가요?」

친구는 어린 것에게 책망을 당하는 순간, 깊이 자신의 잘못을 뉘우치고 얼른 수레에서 내려 사과하려 했다. 그러나 진기는 상대를 하지 않고 대문 안으로 들어가 버렸다.

「그 아버지에 그 아들」이란 말이 있듯이 이 진기의 아들 진군(陳群)도 또한 수재여서, 뒤에 위문제 조비(曹丕) 때 사공(司空)과 녹상서사(錄尙書事 : 재상)의 벼슬을 했고, 구품관인법(九品官人法)을 입안한 것으로 알려져 있다.

이 진군이 어렸을 때의 이야기다. 언젠가 진심의 아들 진충(陳忠)과 사촌끼리 서로 자기 아버지의 공적과 덕행을 자랑하여 서로 훌륭하다고 주장을 했으나 결말이 나지 않았다. 그래서 할아버지 진식에게 판정을 내려줄 것을 요구했다. 그러자 진식은,

「원방도 형 되기가 어렵고, 계방도 동생 되기가 어렵다(元方難爲兄季方難爲弟)」고 대답했다.

결국, 형도 그런 훌륭한 동생의 형 노릇하기가 어렵고, 동생도 그런 훌륭한 형의 동생 노릇하기가 어려운 형편이니, 누가 보다 훌륭하고, 누

가 보다 못한지를 가릴 수 없다는 이야기다. 과연 진식다운 대답이었다.

❹ 四海兄弟(사해형제) 四海兄弟 넉 **四** 바다 **海** 형 **兄** 아우 **弟**

뜻을 같이하고 마음이 일치한다면 누구라도 형제와 같이 지낼 수 있다. 사해동포라고도 한다.

공자의 제자로 사마우(司馬牛)라는 사람이 있었다. 이 사마우에게는 환퇴라는 대악당인 형이 있었다. 환퇴는 공자를 죽이려고까지 한 적도 있었다.

사마우는 아주 슬퍼하며, 「남에게는 다 형제가 있으나 나만이 형제를 잃고 독신입니다」 라고 말했다. 공자의 고제자로 보좌 격이었던 자하는 그것을 위로해서 다음과 같이 말했다.

「『죽고 사는 것이 다 천명이고, 부귀 역시 천운에 의한다』 라는 말을 들었다. 군자는 공경해서 잃지 않고 남에게 공손히 해서 예가 있으면 사해(四海) 중 다 형제다. 그러므로 군자라면 형제가 없는 것을 걱정하지 않아도 좋은 것이 아닌가」 라고.

또 어느 때, 사마우가 「군자란 어떤 인간입니까?」 하고 선생에게 물었다.

공자가 대답하기를, 「군자는 걱정 근심을 하거나 겁을 내거나 하지 않는 것이다」 하자,

사마우는 다시, 「걱정하지 않고 겁내지 않으면 군자라고 할 수 있습니까?」 하고 물었다.

공자는 「안으로 반성을 해서 떳떳하다면 무엇을 걱정하고 무엇을

공자성적도(孔子聖蹟圖 : 宋人伐木 ; 환퇴가 큰 나무를 베어 공자를 해치려 함)

겁내겠는가」 하고 대답했다.

「내성불구(內省不疚)」는 많이 쓰이는 말이다. 크게 떳떳치 못하면서도, 얼굴도 잘난 체 자랑하고 그것을 호언(豪言)하는 사람도 있다. 사마우에 대한 《논어》의 이야기는 환퇴라는 포악무도한 형이 있었다는 것을 모르면 뚜렷해지지 않는다.

❺ 同病相憐(동병상련) 同病相怜 같을 **同** 병 **病** 서로 **相** 불쌍히 여길 **憐**

어려운 처지에 있는 사람끼리 서로 동정하고 도움.

같이 앓고 있는 사람은 서로 동정한다. 그것이 「동병상련」 이란 말이다. 「과부의 설움은 과부가 안다」는 우리 속담도 다 같은 이치에서 나온 말이다.

후한 조엽(趙曄)이 지은 춘추시대의 오(吳)와 월(越) 두 나라의 분쟁의 전말을 기록한 사서(史書) 《오월춘추》에 있는 말이다.

오자서(伍子胥)는 초나라 사람으로, 초나라 평왕(平王)의 태자부(太子

府) 태부(太傅)인 오사(伍奢)의 아들인데, 태자부의 소부(小傅) 비무기(費無忌)의 모함으로 아버지와 형인 상(尙)이 죽음을 당하자 복수할 뜻을 품고 오나라로 망명하였다.

오자서 묘

오자서는 오나라 공자 광(光)을 만나 마침내 초나라에 대한 복수를 하게 된다. 이때 오자서를 공자 광에게 추천한 사람은 관상을 잘 보는 피리(被離)란 사람이었다. 피리는 오자서가 거지 행세를 하며 오나라 거리를 돌아다니고 있을 때 오자서가 천하 영웅임을 알아봤던 것이다. 공자 광은 결국 오자서의 힘으로 오나라의 왕이 될 수 있었는데, 이 공자 광은 왕이 된 뒤에 이름을 합려(闔閭)로 고쳤다.

오자서가 합려왕의 심복으로 오나라의 실권을 잡게 되었을 때 초나라에서 백주리(伯州犁)의 아들 백비(伯嚭)가 찾아왔다. 백주리도 오자서의 아버지를 죽게 만든 비무기(費無忌)란 간신에 의해 억울하게 죽었기 때문에, 백비는 오자서에게 몸을 의탁하기 위해 찾아온 것이다.

오자서는 원수를 같이하는 그를 동정하여 그를 합려 왕에게 천거해서 대부의 벼슬에 앉게 했다. 이때 오자서는 이미 대부의 벼슬에 오른 피리의 충고를 받게 된다. 피리는 이렇게 물었다.

「당신은 왜 백비를 겨우 한 번 만나보고 그토록 신임을 하시오?」

「그것은 나와 같은 원한을 품고 있기 때문이오. 강가 사람들이 부르

는 노래를 듣지 못했소. 그 노래에 말하기를,

오자서

같은 병은 서로 불쌍히 여기고
같은 근심은 서로 구원한다.
놀라 나는 새는
서로 따라 날고
여울 아래 물은
따라 다시 함께 흐른다.

同病相憐 同憂相救
동병상련 동우상구
驚翔之鳥 相隨而飛
경상지조 상수이비
瀨下之水 因復俱流
뇌하지수 인복구류

고 했소. 호마(胡馬)는 북쪽 바람을 향해 서고, 월나라 제비는 햇빛을 찾아 노는 법이오. 육친을 사랑하고 슬퍼하지 않는 사람이 어디에 있겠소」

「이유는 정말 그것뿐입니까?」

「그것뿐입니다」

「그렇다면 말씀드리지요. 내가 보는 바로는, 그의 눈은 매와 같고, 걸음걸이는 범을 닮았습니다(鷹視虎步). 그것은 사람 죽이기를 보통으로 아는 잔인한 상입니다. 절대로 마음을 주어서는 안됩니다」

오자서는 피리의 충고를 받아들이지 않고 백비를 끝까지 밀어 태재(太宰)라는 벼슬에까지 오르게 했다. 그러나 백비는 그 뒤 적국인 월나라의 뇌물에 팔려 충신 오자서를 자살하게 만든다.

오자서는 「동병상련」으로 그를 이끌어 주었지만, 백비는 그 은공을 원수로 갚고 말았다. 보편적인 원칙도 악한 사람에게는 적용이 되지 않는다는 것을 말해 주고 있다.

❻ 浩然之氣 (호연지기) 浩然之气 넓을 **浩** 그럴 **然** 의 **之** 기운 **氣**

하늘과 땅 사이에 넘치게 가득 찬 넓고도 큰 원기.

호(浩)는 넓고 크다는 뜻이다. 넓고 큰 기운이 「호연지기」다. 넓고 큰 기운이 과연 어떤 것일까. 이 말을 처음 쓴 맹자의 설명을 《맹자》에서 찾아보기로 한다.

《맹자》 공손추 상에 보면 맹자의 제자 공손추가 부동심(不動心)에 대한 긴 이야기 끝에, 「선생님께서 제(齊)나라의 대신이 되어 도(道)를 행하신다면, 제를 천하의 패자로 만드신다 해도 이상하지는 않습니다. 그런 점을 생각하면 역시 선생님께서도 마음이 움직이실 게 아닙니까(如此則動心否乎)?」

「아니, 나는 40이 넘어서부터는 이미 마음이 움직이는 일이 없게 되었다. 마음을 움직이지 않는다는 것은 그리 어렵지 않다. 저 고자(告子 : 맹자의 論敵, 맹자의 성선설에 대하여 사람의 본성은 선도 악도 아니라는 설)마저도 나보다 먼저 마음을 움직이지 않게 됐을 정도다」

「마음을 움직이지 않을 수 있는 방법이라도 있습니까?」

「있지」

맹자는 그렇게 말하고 마음을 움직이지 않는 용(勇)을 기르는 여러 가지 방법에 대해서 실례를 들어 말하기 시작했다. 용자 북궁유(北宮黝)는 무엇이든 물리치는 기개를 가지고 용기를 길렀다. 같은 용자로서 유명한 맹시사(孟施舍)는 겁내지 않는다는 것을 첫째로 삼았다. 공자의 고제자인 증자(曾子)는 스승에게서 배운 말 「스스로 되돌아봐서 바른 일이라면 천만인이 막는다 할지라도 나는 가리라」를 명심하고 있었다. 자기 마음속에 꺼림칙한 점이 없으면 그 무엇이라도 두려워하지 않는다. 이것이야말로 참된 대용(大勇)으로서 마음을 동요시키지 않는 최상의 수단이다.

맹 자

「그럼 선생님의 부동심(不動心)과 고자의 부동심의 차이를 말씀해 주십시오」

「고자는 『납득이 가지 않는 말을 억지로 이해하려 해서는 안 된다. 이해 가지 않는 일이 있어도 기개(氣槪)로써 해결하려고 해서는 안된다』고 마음을 쓰지 않음으로써 부동심을 얻으려고 했다. 그러나 기개를 누르는 것은 좋으나 납득할 수 없는 말을 이해하려고 하지 않는다는 것은 지나치게 소극적이다」

「선생님은 어떤 점에 특히 뛰어나십니까?」하고 묻자 맹자는, 「나는 나의 호연지기를 잘 기르고 있다(善養吾浩然之氣)」고 대답했다. 그러자 공손추는 다시, 「감히 무엇을 가리켜 호연지기라고 하는지 듣고 싶습니다」하고 물었다.

맹자는 말로 표현하기 어렵다고 전제하고 나서 다음과 같이 설명하고 있다.

「그 기운 됨이 지극히 크고 지극히 강해서 그것을 올바로 길러 상하게 하는 일이 없으면 하늘과 땅 사이에 꽉 차게 된다. 그 기운 됨이 의(義)와 도(道)를 함께 짝하게 되어 있다. 의와 도가 없으면 그 기운은 그대로 시들어 없어져 버리게 된다. 이것은 의(義)를 쌓고 쌓아 생겨나는 것으로, 하루아침에 의를 한다고 해서 얻어지는 것이 아니다. 일상생활에 있어 조금이라도 양심에 개운치 못한 것이 있으면 그 기운은 곧 시들어 버리고 만다」

그리고 이어서 그 기운을 기르는 방법을 길게 설명하고 있다.

❼ 比翼連理 (비익연리) 比翼連理 견줄 **比** 날개 **翼** 이을 **連** 통할 **理**

중국 전설에 나오는 비익조(比翼鳥)와 연리지(連理枝)의 뜻으로, 부부의 사이가 매우 화락함을 비유하는 말이다.

장한가 극중 장면(화청지의 현종과 양귀비)

비익조는 상상(想像)의 새 이름으로, 암컷·수컷의 눈과 날개가 하나씩이어서 두 마리가 나란히 합쳐야 비로소 두 날개가 되어 날 수가 있다고 한다. 연리지는 두 나무의 가지가

태액지의 양귀비 소상(塑像)

맞닿아서 결이 서로 통한 것이라는 뜻에서 화목한 부부나 깊은 남녀 관계를 가리킨다.

백거이(白居易)는 「장한가(長恨歌)」에서 현종(玄宗)과 양귀비(楊貴妃)의 비련을 그려 「하늘에서는 비익의 새가 되고 땅에서는 연리의 가지가 되리라」 고 노래하였다.

떠날 무렵 은근히 거듭 전하노니	臨別慇懃重寄詞
거기에 둘만이 아는 맹세 담겼네	詞中有誓兩心知
칠월 칠석에 장생전에서	七月七夕長生殿
아무도 없는 한밤에 속삭였네	夜半無人私語時
하늘에 있어서는 원컨대 비익의 새가 되고	在天願作比翼鳥
땅에 있어서는 원컨대 연리의 가지가 되겠다	在地願爲連理枝
장구한 천지도 끊길 때가 있겠지만	天長地久有時盡
이 슬픔은 면면히 그칠 날이 없겠구나	此恨綿綿無盡期

臨別慇懃重寄詞	임별은근중기사
詞中有誓兩心知	사중유서양심지
七月七夕長生殿	칠월칠석장생전
夜半無人私語時	야반무인사어시
在天願作比翼鳥	재천원작비익조

在地願爲連理枝　재지원위연리지
天長地久有時盡　천장지구유시진
此恨綿綿無盡期　차한면면무진기

비익총(比翼塚)은 정사(情死)한 남녀를 한구덩이에 묻은 무덤이다.

❽ 桂林一枝(계림일지) 桂林一枝 계수나무 **桂** 수풀 **林** 한 一 가지 **枝**

계림의 이강

「계림일지 곤산편옥(桂林一枝 崑山片玉)」에서 나온 말이다. 「계수나무 숲에서 가지 하나를 얻고, 곤륜산에서 나는 옥 한 조각을 얻다」 라는 뜻으로, 현상에 만족하지 않거나 자신의 관직을 대수롭지 않게 여기는 말. 과거에 급제한 것을 자랑하지 않고 겸손하게 말한 고사에서 나온 말이다.

진(晋)나라 때의 문신 극선(郤詵)이 당시 난관 중의 난관이던 관리등용 시험에 응시하여 뛰어난 성적으로 합격, 현량제일(賢良第一)로 천거되었을 때 황제가 그를 접견하고, 그의 탁월한 학식과 재능을 칭찬하자, 그는, 「이제 겨우 계수나무 숲(桂林)에서 가지 하나(一枝)를 얻은 셈이요, 곤륜산(崑崙山)에서 나는 옥 한 조각(片玉)을 얻었을 뿐입니다(桂林一枝崑山片玉)」라고 대답한 데서 비롯된 말이다. 《진서》 극선.

46. 交友投分 切磨箴規 交友投分 切磨箴规

(교우투분 절마잠규)

❶ 遠交近攻 (원교근공)

❷ 莫逆之友 (막역지우)

❸ 救火投薪 (구화투신)

❹ 四分五裂 (사분오열)

❺ 切齒腐心 (절치부심)

❻ 切磋琢磨 (절차탁마)

❼ 切磨箴規 (절마잠규)

❽ 墨守成規 (묵수성규)

풀이

❶ 遠交近攻 (원교근공)

远交近攻　멀 **遠** 사귈 **交** 가까울 **近** 칠 **攻**

먼 나라와 친교를 맺고 가까운 나라를 공격함.

멀리 떨어진 나라와는 친하게 지내고, 가까이 이웃하고 있는 나라는 이를 침략해 들어가는 외교정책을 말한다. 이것은 범수(范雎)가 진나라를 위해 창안한 외교정책이었는데, 강대국들이 흔히 사용하는 정책이다. 《사기》 범수채택열전에 있는 이야기다.

범수는 위(魏)나라 사람으로 자(字)를 숙(叔)이라 했다. 제후들을 유세(遊說)하고 싶었으나 집이 가난한 탓으로 여비가 없어 길을 떠나지 못하고, 위나라 왕을 섬길 생각이었으나 그마저 통할 길이 없어 우선 중대부(中大夫) 수고(須賈)의 밑에서 일을 보고 있었다.

어느 해, 수고가 위나라 소왕(昭王)의 명령으로 제(齊)나라에 사신으로 가는 길에 범수도 함께 따라가게 되었다.

제왕과 회담하는 자리에서 수고가 미처 대답을 못해 당황하면 범수가 대신 대답을 하곤 했다. 제왕은 범수의 재주를 아껴 그를 제나라에 머물러 있게 하고 싶었으나 사신으로 따라온 사람이라 그럴 수도 없고, 뒷날을 약속하는 고기와 술과 금 열 근을 보내 왔다. 범수는 금은 사양하고 술과 고기만을 받았다.

이 사실을 안 수고는 귀국하자 위제(魏齊)에게 범수가 수상하다고 일러바쳤다. 성질이 급한 위제는 당장 범수를 잡아들였다. 무슨 비밀을 제나라에 일러주었느냐고 문초하기 시작했다.

범수는 맞아 이가 부러지고 갈비뼈가 부러졌다. 범수가 죽은 시늉을

진나라로 달아나는 범수

하고 있자 거적에 싸서 헛간에 놓아두고 술 취한 손들을 시켜 범수의 시체 위에 오줌을 누게 했다. 범수는 자기를 지키고 있는 사람을 매수해서, 위제의 승낙을 얻어 들판에 갖다 버리게 한 다음, 친구 정안평(鄭安平)의 집으로 가 숨어 있었다.

얼마 후 진나라 사신으로 온 왕계(王稽)의 도움으로 몰래 진나라로 들어온 다음, 마침내 진소왕(秦昭王)을 만나 당면한 문제와 원교근공의 외교정책 등을 말함으로써 일약 현임 재상을 밀어내고 진나라의 재상이 된다. 범수가 「원교근공」을 말한 대목을 소개하면 이렇다.

「……왕께선 멀리 사귀고 가까이 치는 것보다 좋은 방법은 없습니다. 한 치를 얻어도 왕의 한 치 땅이 되고, 한 자를 얻어도 왕의 한 자 땅이 됩니다. 이제 이를 버리고 멀리 공략을 한다면 어찌 틀린 일이 아니겠습니까(……王不如遠交而近攻　得寸則王之寸也　得尺亦王之尺也. 今釋此而遠攻 不亦繆乎)」

원수는 외나무다리에서 만난다고, 얼마 후 범수는 수고를 만나게 되었는데, 그 이야기가 또 유명하다.

범수는 장록(張祿)이란 가명을 쓰고 있었다. 진나라가 위나라를 치려 한다는 소문을 전해들은 위나라에서는 수고를 사신으로 보내 새로 등장한 장록 재상의 호감을 사도록 술책을 썼다. 범수는 다 떨어진 옷을 입고 수고가 묶고 있는 객관으로 찾아갔다. 수고는 깜짝 놀라 물었다.

「범숙(范叔)이 이제 보니 무사했구려!」

「천명으로 무사했습니다」

「진나라로 유세를 온 건가?」

「도망쳐 온 몸이 유세가 뭡니까?」

「그래 지금 뭘 하고 있지?」

「남의 집 고용살이를 하고 있습니다」

「범숙이 이토록 고생하고 있다니!」

수고는 음식을 함께 나눈 뒤 비단옷 한 벌을 내주었다. 그리고는 이야기 끝에, 「혹시 진나라 새 재상 장록을 아는지? 이번 일은 그에게 달려 있는데……」 하고 물었다.

범수와 수고

「우리 집 주인영감이 잘 알고 지내기 때문에 가끔 뵙기는 합니다. 그럼 제가 대감을 모시고 장록 재상을 가 뵙도록 하지요」

「고맙네. 그런데 나는 말이 병들고 수레가 부서져 나갈 수가 없는데, 어떻게 하지?」

「제가 주인 집 큰 수레와 말을 빌려오겠습니다」

범수가 큰 수레를 몰고 돌아오자, 수고는 그와 함께 상부(相府)로 들어갔다. 바라보니 부중 사람들이 모두 피해 숨곤 했다. 수고는 이상하다 싶었으나, 외국 사신에 대해 경의를 표하는 줄로 적당히 생각하고 말았다. 그런데 어찌된 일인지 먼저 알리고 나오겠다던 범수가 아무리 기다려도 나타나지를 않았다.

나중에야 속은 줄 안 수고는 웃옷을 벗고 무릎으로 기어들어가 사람을 통해 사죄를 했다. 그리하여 온갖 곤욕을 다 치른 끝에 겨우 목숨을 건진 수고는, 위나라 재상 위제의 목을 베어 바치겠다는 약속을 하고 돌아온다.

위제는 겁이 나 조(趙)나라로 도망을 쳤으나, 「위제를 보호하고 있는 나라는 곧 나의 원수다」 하는 범수의 위협에 못이겨 위제는 조나라에서 다시 쫓겨났다가 결국은 길거리에서 자살하고 만다. 세도만 믿고 사람의 목숨을 파리 목숨처럼 여긴 그도 자기 목숨이 아까운 것만은 절실하게 느꼈으리라. 「누란지위(累卵之危)」란 말도 범수에게서 나왔다.

❷ 莫逆之友 (막역지우) 莫逆之友 말 **莫** 거스를 **逆** 의 **之** 벗 **友**

더할 나위 없이 친한 친구를 「막역지우」라고 하고, 그러한 사이를 「막역한 사이」니 하고 말한다. 막역은 「마음에 조금도 거슬리는 것이 없다」는 뜻으로, 이 말이 나오게 된 《장자》 대종사편 원문에는 막역어심(莫逆於心)이라고 되어 있다. 똑같은 형태의 이야기가 한꺼번에 둘이 나와 있는데, 그것을 소개하면 다음과 같다.

하나는, 「자사(子祀) · 자여(子輿) · 자리(子犁) · 자래(子來) 네 사람이 서로 이야기를 했다. 『누가 능히 무(無)로써 머리를 삼고, 삶(生)으로써 등을 삼고, 죽음으로써 엉덩이를 삼겠는가. 누가 죽고 살고, 있고 없는 것이 하나(一體)라는 것을 알겠는가. 내가 그와 더불어 친구가 되리라』 이렇게 말하고는 네 사람이 서로 바라보며 웃었다. 마음에 거슬림이 없어 드디어 더불어 친구가 되었다」라는 것이고,

또 하나는, 「자상호 · 맹자반 · 자금장 세 사람이 서로 이야기하며

말하기를, 『누가 능히 서로 사귀지 않는 속에서 사귀고, 서로 하는 일이 없는 가운데 행함이 있겠는가. 누가 능히 하늘에 올라 안개 속에 놀고, 무한한 우주 속을 돌아다니며 삶을 잊고 무한을 즐길 수 있겠는가?』 이렇게 말한 세 사람은 서로 바라보며 웃었다. 마음에 거슬림이 없는지라 드디어 서로 친구가 되었다」라는 것이다. 비슷한 이야기에 똑같은 결론이다. 결국 막역은 서로가 거칠 것이 없는 한마음 한뜻이란 이야기다.

❸ 救火投薪 (구화투신) 救火投薪 구할 **救** 불 **火** 던질 **投** 섶나무 **薪**

섶을 던져 불을 끈다는 뜻으로, 재난을 구하려다가 도리어 더 크게 하거나 자멸함을 비유하여 이르는 말.

《사기》 위세가에 있는 이야기다.

전국시대 말, 국력이 나날이 강대해진 진(秦)나라는 범수(范雎)가 주창한 「원교근공(遠交近攻)」 정책을 펴 가까운 나라를 끊임없이 침략해 영토를 확장해 갔다. 이 정책으로 인해 위(魏)나라도 진나라로부터 연거푸 침공당해 영토를 점령당했다. 이렇듯 진나라의 영토 침공이 계속되자, 위의 백성들은 진을 두려워해 저항조차 하지 않았다. 이때 위나라 장수 단간자(段干子)가 남양(南陽)을 할양(割讓)하고 강화를 맺을 것을 왕에게 건의했다. 그러자 전술가 소대(蘇代)가 왕에게 말했다.

「단간자의 본심은 왕위를 빼앗는 것이고, 진나라의 목적은 위나라를 병합하는 것이므로 화의를 맺어도 침공은 그치지 않을 것입니다. 그러므로 진나라에 땅을 할양하는 것은 『땔나무를 던져 불을 끄려는 것

(救火投薪)』과 같아, 땔나무가 없어지지 않는 한 불은 꺼지지 않듯이, 땅을 할양하는 것도 이와 마찬가지입니다」

그러나 위왕은 소대의 충고를 받아들이지 않고 남양을 진나라에 할양하고 화의를 제의하기로 했다. 그러나 진나라는 소대의 말대로, 화의를 맺고도 계속해서 위를 침공해 땅을 빼앗았다. 위는 마침내 저항할 힘을 잃고 BC 255년 진나라에 의해 멸망당했다.

❹ 四分五裂 (사분오열)

四分五裂 넉 **四** 나눌 **分** 다섯 **五** 찢어질 **裂**

넷으로 나뉘고 다섯으로 분열된다는 뜻으로, 여러 갈래로 갈기갈기 찢어지거나 세력이 여러 갈래로 흩어져 약화됨을 이르는 말.

이 말은 일찍이 《육도》나 《전국책》 같은 고서들에도 많이 나타나고 있다. 《육도》 기병편에 「넷으로 나뉘고 다섯으로 찢긴 것은 원을 치고 네모를 부수었기 때문이다(四分五裂者 所以擊圓破方也)」라는 말이 있고, 《사기》 장의전에는 「천하가 사분오열되었다(天下四分五裂)」고 했으며, 《위지》 사마량전에는 「바로 사분오열이 전쟁을 하는 방식이다(乃四分五裂 戰爭之地)」라 했고, 《북사》 주법상전에는 「마침내 방비가 없어졌으니 사분오열하게 되었다(卒有不虞 四分五裂)」는 말이 있다. 《전국책》 위책(魏策)에 있는 이야기다.

춘추전국시대 중기에 진(秦)나라의 동진(東進)에 대비하기 위해 위(魏)나라와 여섯 나라는 상호 간에 외교적인 동맹관계를 맺으려고 하였다. 이때 소진(蘇秦)은 위나라의 애왕(哀王)에게 합종책을 이렇게 주장하였다.

「위나라는 그다지 넓지도 않고, 병사도 30만밖에 되지 않습니다. 또한 지세도 편편하여 사방에서 제후들이 쳐들어오면 이를 막을 만한 산이나 요새도 없는, 원래 전쟁터라 할 수 있습니다. 게다가 동쪽에는 제(齊)나라, 남쪽에는 초(楚)나라, 북쪽에는 조(趙)나라, 서쪽에는 한(韓)

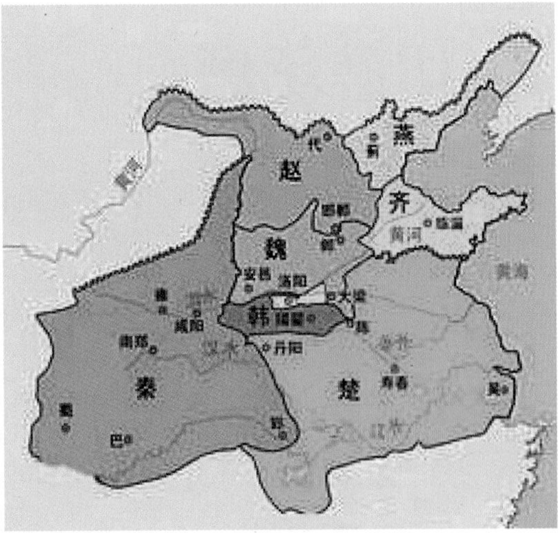

전국칠웅도

나라가 각각 있어 노리고 있습니다. 그래서 제나라와 연합하지 않으면 제가 동쪽을, 초나라와 연합하지 않으면 초가 남쪽을, 조나라와 연합하지 않으면 조가 북쪽을, 한나라와 연합하지 않으면 한이 서쪽을 각각 공격할 것입니다. 이것을 『사분오열의 도(四分五裂之道)』라고 합니다」

전국시대 일곱 나라가 자웅을 겨루고 있을 때 그 중에서도 가장 강한 나라인 진나라는 연횡(連衡)책으로 기타 6국의 합종(合縱)책에 대처하면서 천하의 통일을 노렸다. 《전국책》에, 「사분오열이란 둥근 것은 치고 모난 것은 파한다(四分五裂者 所以擊圓破方也)」라고 뜻을 밝혔다. 현재는 세력이 각각 찢어져 힘을 발휘하지 못하는 상태를 말한다.

❺ 切齒腐心(절치부심) 切齿腐心 갈 **切** 이 **齒** 썩힐 **腐** 마음 **心**

몹시 분하여 이를 갈고 속을 썩임. 《사기》에 있는 말로서, 「와신상담(臥薪嘗膽)」과 비슷한 표현이다.

❻ 切磋琢磨(절차탁마)

切磋琢磨　　자를 **切** 갈 **磋** 쪼을 **琢** 갈 **磨**

학문과 덕행을 닦음.

「절차탁마」는 톱으로 자르고(切), 줄로 슬고(磋), 끌로 쪼며(琢), 숫돌에 간다(磨)는 뜻이다. 뼈나 상아나 옥돌로 물건을 만들 때, 순서를 밟아 다듬고 또 다듬어 완전무결한 물건으로 만들어 내는 것을 말한다. 학문을 닦고 수양을 쌓는 데도 이와 같은 과정을 거쳐야만 비로소 성공을 할 수 있다는 점에서 비유로 이 「절차탁마」란 말을 쓰게 된다. 굳이 학문이나 수양에 국한된 것이 아니고 모든 기술이나 사업 면에도 이 말이 인용될 수 있다.

《시경》 기욱편에 있는 이 시는 학문과 덕을 쌓은 군자를 찬양해 부른 것인데, 《대학》에는 이 시의 제1장을 그대로 인용한 다음 설명까지 붙이고 있다. 「절차탁마」에 대한 것만을 소개하면 이렇다.

칼로 자르듯 줄로 슨 듯
끌로 쪼은 듯 숫돌로 간 듯
묵직하며 위엄 있네
환하고 의젓하네.

如切如磋 如琢如磨　여절여차 여탁여마
瑟兮僩兮 赫兮咺兮　슬혜한혜 혁혜훤혜

자르듯 하고 슨 듯하다는 것은 공부하는 것을 말한 것이고, 쪼은 듯하고 간 듯하다는 것은 스스로 닦는 것이다. 이 해석대로면 「절차」는 학문을, 「탁마」는 수양을 말하는 것이 된다. 이 시는 위나라 무공(武

公)의 덕을 찬양하는 노래라고 한다. 절차탁마는 군자가 스스로 수양하기 위해 힘쓰는 모양을 비유한 말로 원래는 옥이나 구슬을 다듬는 과정을 설명하는 말이다. 이 「절차탁마」가 더욱 유명해진 것은 《논어》 학이편에 나왔기 때문이다. 자공이 공자에게 물었다.

자 공

「가난해도 아첨하는 일이 없고, 부해도 교만하는 일이 없으면 어떻습니까?」

「옳은 일이긴 하나, 가난해도 도를 즐기고, 부해도 예를 좋아하는 것만 같지 못하다」

「《시》에 이르기를 『여절여차, 여탁여마』라고 했는데 바로 이런 것을 두고 한 말이군요」

그러자 공자는 자못 흐뭇한 표정으로, 「너야말로 참으로 함께 시를 말할 수 있다. 이미 들은 것으로 장차 있을 것까지를 아니 말이다」 하고 칭찬을 했다.

이것은 두 말이 다 수양의 뜻으로 쓰인 예가 되겠다. 즉 아첨이 없는 것에서 도를 즐기기에 이르고, 교만하지 않은 것에서 예를 좋아하기에 이르는 것은 처음은 대충 형체만을 만들고, 그 다음 슬고 또 갈아 아름답게 만드는 것과 같다는 뜻이다.

이 「여절여차 여탁여마(如切如磋 如琢如磨)」의 여덟 글자에서 여(如)란 글자를 빼고 동사만을 합친 것이 「절차탁마」다. 꾸준히 노력을 하되 순서 있게 하는 것이 절차탁마인 것이다.

❼ 切磨箴規 切磨箴规 끊을 **切** 갈 **磨** 경계 **箴** 법 **規**

(절마잠규)

깎고 갈고 일깨워주고 바른 말로 잡아준다.

《천자문》에 있는 말이다.

「벗을 사귈 때에는 서로가 분에 맞는 사람끼리 사귀어야 하고, 깎고 갈고 일깨워주고 바른 말로 잡아준다(交友投分 切磨箴規)」

《논어(論語)》 계씨편(季氏篇)에서 공자는 세 가지 부류의 유익한 친구(益者三友)와 세 가지 부류의 해로운 친구(損者三友)가 있다고 했다.

「정직하고, 믿음이 있으며, 보고 들은 것이 많은 친구는 유익한 세 가지. 반면 겉치레를 잘하고, 아첨을 잘하고, 보고 들은 것은 적으면서 말만 잘하는 친구는 해로운 세 가지(友直 友諒 友多聞 益矣 友便辟 友善柔 友便佞 損矣)」

벗을 사귈 때에는 서로가 분수에 맞는 사람끼리 사귀어 서로 열심히 닦고 배워서 사람으로서의 도리를 지키고 덕행을 갈고 닦아서 빛을 내며 친구 간에 서로 바로잡아 주어야 한다.

❽ 墨守成規 墨守成规 먹 **墨** 지킬 **守** 이룰 **成** 규율 **規**

(묵수성규)

잘 지켜 조금도 굴하지 않음, 낡은 규칙을 끝까지 고수함, 낡은 틀에 얽매여 있음.

묵자(墨子)는 《사기》에 의하면 이름은 적(翟)이라 하고, 송(宋)의 대부로 방전술(妨電術)에 능하며, 경제의 절약을 역설하였는데, 공자와 같은 시대의 사람인지 그 후의 사람인지 불명하다고 씌어 있다. 오늘날 남아 있는 《묵자》는 그의 생각을 기술한 것으로 「겸애설(兼愛說)」을 주창하여 자타(自他)의 구별을 세우지 않고 자기를 사랑하는 마음으로 남을 대하라고 주장한다. 분명히 하층계급을 위해 논한 곳이 있으며, 그 사상은 현실적이고 비판적이다.

청년 묵자

그런데 그 묵자가 제(齊)나라에서 급히 초(楚)나라로 떠나 밤낮으로 열흘을 걸려 초나라의 수도인 영(郢 : 호북성 강릉현)에 도착했다. 그것은 공수반(公輸盤)이 초나라를 위해 운제계(雲梯械 : 사다리를 성벽에 기대어 높이 올라가는 기구)를 만들어 송나라를 공격하려고 한다는 소리를 들었기 때문이다.

묵자는 공수반을 방문했다.

「북방에 나를 경멸하는 자가 있어 당신의 힘으로 죽여주시기를 바라오만……」

공수반은 불쾌한 낯으로 대답했다.

「나는 의(義)를 생각하는 마음에서 사람을 죽일 수는 없소이다」

묵자는 공손히 절을 하면서 말했다.

「초나라는 땅이 넓은 데 반해서 사람이 모자랄 정도입니다. 그런데 영지가 부족한 송나라를 공격해도 좋습니까? 더구나 아무 죄도 없는 송나라를 말입니다. 한 사람을 죽이지 않는 것이 의(義)라면 송나라의 많

초왕과 만난 묵자(묵자 앞은 공수반)

은 사람을 죽이는 것이 의라 할 수 있을까요?」

공수반은 묵자에게 공박을 당하자 묵자의 청을 들어 초왕에게 안내했다. 묵자는 다시 예를 들어 말했다.

「아주 화려하게 꾸민 수레의 주인이 옆에 있는 하찮은 수레를 훔치려고 하거나, 비단옷을 입은 사람이 옆집의 누더기 옷을 훔치려고 하거나, 진수성찬을 먹는 사람이 옆집의 술지게미를 훔치려고 든다면, 그것을 어떻게 생각하십니까?」

「아마도 도벽이 있는 사람이겠지」

「그럼 5천 리 사방이나 되고 수어(獸魚)가 풍부하고 큰 수목이 많은 초나라가 5백 리 사방밖에 되지 않고 식량이 부족하고 큰 나무도 없는 송나라를 공격하는 것은 이와 같지 않습니까?」

초왕이 이 질문에 궁한 대답을 했다.

「아니, 나보다 공수반의 재주를 살려 볼까 해서 그랬지」

그래서 공수반이 얼마나 머리가 좋은지를 보아야겠다고, 초왕의 면전에서 아주 기묘한 승부를 하게 되었다. 묵자는 허리띠를 풀어 성책(城柵)같이 하고 작은 나뭇조각을 방패 대용의 기계로 만들었다. 공수반은 아홉 번에 걸쳐 임기응변의 장치를 만들어 공격했으나, 묵자는 아홉 번을 다 굳게 지켰다. 공수반의 공격무기는 바닥이 났으나 묵자의 수비에는 아직도 여유가 있었다. 마침내 공수반은 손을 들고 말았다. 이것이 유명한 「묵수(墨守)」 또는 「묵적지수(墨翟之守)」 다.

묵자는 초왕에게 고했다.

「공수반은 나를 죽이려 했고, 나를 죽이면 송을 공격할 수 있다고 생각했을는지 모릅니다. 그러나 내 제자들은 내가 수비했던 기계를 가지고 송으로 가서 초의 침입을 기다리고 있습니다. 나를 죽여도 항복시킬 수는 없습니다」

중국 고대의 운제

묵자가 선수를 치는 바람에 초왕은 결국 송을 공격하지 않겠다고 약속했다. 이렇게 해서 묵자는 미연에 초의 침략을 막았던 것이다.

이 이야기는 《묵자》 공수편(公輸篇)에 있고 「묵수(墨守)」란 「잘 지켜 조금도 굴하지 않는 것」, 「자설(自說)을 지켜 쉽게 굽히지 않는 것」을 말한다.

《전국책》 「제하(齊下)·양왕(襄王)」에는 연나라 군사가 요성(聊城)에서 제나라의 전단(田單)을 막은 것을 「묵적지수(墨翟之守)」라고 말하고 있다.

47. 仁慈隱惻 造次弗離 仁慈隐恻 造次弗离

(인자은측 조차불리)

1. 殺身成仁 (살신성인)
2. 嚴父慈母 (엄부자모)
3. 隱居放言 (은거방언)
4. 惻隱之心 (측은지심)
5. 閉門造車 (폐문조거)
6. 維歲次 (유세차)
7. 造次弗離 (조차불리)
8. 支離滅裂 (지리멸렬)

풀이

❶ 殺身成仁(살신성인) 杀身成仁 죽일 **殺** 몸 **身** 이룰 **成** 어질 **仁**

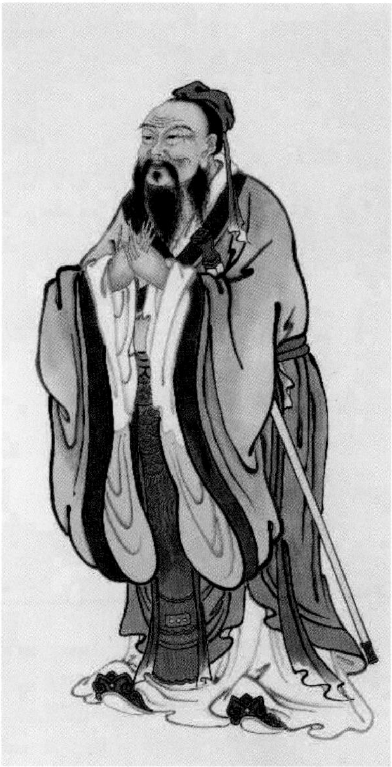
공 자

공자는 말하기를, 「지사(志士)와 인인(仁人)은 삶을 찾아 인(仁)을 해치는 일이 없고, 몸을 죽여 인을 이룩하는 일은 있다(志士仁人 無求生以害仁 有殺身成仁)」라고 했다. 「살신성인」은 쉽게 말해서 올바른 일을 위해서는 몸도 희생한다는 뜻이다. 《맹자》에는 공자의 말이라 하여 지사와 용사를 대립시켜 말한 곳이 있다. 그래서 뒷사람들은 이 지사를 의(義)를 지키는 의사의 뜻으로 풀이했다. 우리가 말하는 안중근 의사니 윤봉길 의사니 하는 것도 실상 그분들이 나라와 겨레를 위해 몸을 희생시킨 것이 공자가 말한 「살신성인」에 해당하기 때문에 붙인 이름이다.

때로는 단순한 뜻을 가진 사람을 지사라고도 부르기 때문에 지사라는 이름 대신 살신성인의 「의사」라는 이름을 붙인 것이다.

또 이 지사(志士)를 지사(知士)로 풀이한 사람도 있다. 도의를 지키는 사람이든 지혜로운 사람이든 그것은 그리 문제될 것이 없다. 어떻든 그가 가지고 있는 신념을 살리기 위해서는 하나밖에 없는 생명도 달게 버릴 수 있다는 것을 강조한 말이다.

그러나 그것은 어디까지나 양자택일을 할 마당에서의 이야기다. 덮어놓고 목숨을 바치는 것을 「살신성인」으로 오인한다면 그것은 고작 좋게 보아서 만용(蠻勇)밖에 될 것이 없다. 차원은 다르지만, 「아침에 도를 들으면 저녁에 죽어도 좋다(朝聞道 夕死可矣)」라고 한 달관을 얻은 사람이 아니면 역시 「살신성인」은 어려운 일이다.

❷ 嚴父慈母 (엄부자모)

严父慈母 엄할 **嚴** 아비 **父** 사랑 **慈** 어머니 **母**

엄(嚴)한 아버지와 자애로운 어머니라는 뜻으로, 아버지는 자식을 엄하게 다루고, 어머니는 자식을 깊은 사랑으로 보살펴야 함을 이르는 말.

❸ 隱居放言 (은거방언)

隐居放言 숨을 **隱** 살 **居** 방자할 **放** 말씀 **言**

은거하여 살면서 자기의 생각을 모두 토파(吐破)함.

은거(隱居)는 세상에 나아가 활동을 하지 않고 조용히 집에서 사는 것을 말한다. 꼭 숨어서 사는 것이 은거는 아니다. 방언(放言)은 말을 함부로 한다는 뜻이다. 이 말은 《논어》 미자편(微子篇)에 있는 말이다. 그 전문을 소개하면 다음과 같다.

화성 유하혜

일민(逸民 : 출세를 못한 사람)에 백이·숙제·우중(虞仲)·이일(夷逸)·주장(朱張)·유하혜(柳下惠)·소련(少連) 등이 있었다.

공자는 말씀하셨다.

「그 뜻을 굽히지 않고, 그 몸을 욕되지 않게 한 것은 백이와 숙제다」

또 유하혜와 소련에 대해서는 이렇게 말씀하셨다.

「뜻을 굽히고 몸을 욕되게 했으나, 하는 말이 도리에 맞고 하는 행동이 이치에 맞았다. 그것뿐이다」

또 우중과 이일을 놓고 이렇게 말씀하셨다.

「숨어 살며 말을 함부로 했으나, 몸을 깨끗이 지녔고 버린 것이 권도(權道)에 맞았다(隱居放言 身中淸廢中權)」

공자는 끝으로 말하기를, 「나는 이들과는 다르다. 나는 꼭 옳다는 것도 없고, 옳지 않다는 것도 없다(我則異於是 無可無不可)」

중 옹

우중은 주 문왕(周文王)의 중부(仲父)로 아우인 왕계(王季)에게 태자의 자리를 물려주기 위해 만형인 태백(泰伯)과 함께 병들어 누운 아버지 대왕의 약을 구하러 간다면서 멀리 남쪽 바닷가로 피해버린 사람이다. 즉 중옹(仲雍)을 말한다.

그것은 태백의 뜻을 따라 왕계에게 태자의 자리를 물려줌으로써 문왕으로 하여금 임금이 되게 하려는 나라와 천하를 위한 자기희생이었다. 이조시대의 양녕대군과 효령대군의 이야기를 연상케 하는 일을 한 것이다. 그들은 오(吳)나라로 가서 머리를 짧게 자르고 몸에 먹물로 그림을 그려 토인들과 같은 생활을 즐겼다고 한다.

죽림칠현

「버린 것이 권도에 맞았다(廢中權)」는 것은 바로 그들의 그런 자기 희생이 대의를 위한 부득이한 처사였다는 이야기다. 그러나 우중과는 달리 장자 같은 사람이나 그 계통의 이른바 죽림칠현(竹林七賢), 도연명 같은 사람들도 「은거방언」의 대표적인 사람으로 들 수 있을 것 같다.

공자가 말한 「옳다는 것도 옳지 않다는 것도 없다」는 것은 이른바 시중(時中)을 말하는 것이다. 어떤 행동의 기준이나 철칙 같은 것이 없고 그 때와 장소에 따라 맞게 하는 것을 말한다. 또 모든 것을 포용하는 하늘과 같은 심경을 말한 것으로도 볼 수 있다.

❹ 惻隱之心(측은지심) 惻隱之心 슬퍼할 **惻** 불쌍히 여길 **隱** 갈 **之** 마음 **心**

불쌍히 여겨 언짢아하는 마음. 사단(四端)의 하나. 다음은 맹자의 사단설 가운데서 나오는 말로, 《맹자》 공손추편에 있는 말이다.

「불쌍히 여기는 마음이 없는 것은 사람이 아니고, 부끄러운 마음이 없으면 사람이 아니며, 사양하는 마음이 없으면 사람이 아니며, 옳고 그름을 아는 마음이 없으면 사람이 아니다. 『불쌍히 여기는 마음』은 어짊의 극치이고, 부끄러움을 아는 마음은 옳음의 극치이고, 사양하는 마음은 예절의 극치이고, 옳고 그름을 아는 마음은 지혜의 극치이다(無惻隱之心 非人也 無羞惡之心 非人也 無辭讓之心 非人也 無是非之心 非人也 惻隱之心 仁之端也 羞惡之心 義之端也 辭讓之心 禮之端也 是非之心 智之端也)」

맹 자

이 말은 맹자가 독창적으로 주창한 인성론으로서 「사단설」 또는 「성선설(性善說)」이라고도 한다. 성선설이란 사람의 본성은 「선(善)」이라고 보는 학설이다. 맹자에 따르면 사람의 본성은 의지적인 확충작용에 의해 덕성으로 높일 수 있는 단서를 천부적으로 가지고 있다. 측은(惻隱)·수오(羞惡)·사양(辭讓)·시비(是非)의 마음이 4단(四端)이며, 그것은 각각 인(仁)·의(義)·예(禮)·지(智)의 근원을 이룬다.

맹자는 사람들은 다 차마 못하는 마음을 지니고 있다는 것을 앞의 이야기로 설명하고 있다. 즉, 어린아이가 위험에 처했을 때 사람들은 누구나 두려워 근심하고 깊이 불쌍히 여기는 마음이 들어, 반드시 달려가 구하려고 하는데, 이는 사람에게 차마 못하는 근본 마음이 본능적으로 행동하게 할 뿐이라는 것이다.

❺ 閉門造車 (폐문조거) 闭门造车 닫을 **閉** 문 **門** 만들 **造** 수레 **車**

「문을 닫아걸고 수레를 만든다」라는 뜻으로, 실제에 부합하는지를 고려하지 않고 자기생각대로만 일을 처리하는 것을 비유하는 말이다. 선종(禪宗)의 역사를 기록한 불교서적 《조당집(祖堂集)》에 있는 말이다. 《조당집》 제 20권 「오관산서운사화상(五冠山瑞雲寺和尙)」에 이런 구절이 있다.

「먼저 진리를 밝힌 뒤에 인연에 순응하여 수행하여 나간다면 불조(佛祖)의 수행과 상응할 것이다. 이는 문을 닫아걸고 수레를 만들고, 밖에 나가 바퀴를 짜 맞추는 것과 같다(如似閉門造車 出門合轍耳)」

주 희

또 주희(朱熹 : 朱子)가 지은 《사서혹문(四書或問)》 중용혹문(中庸或問)편에 이런 구절이 있다.

「궤(軌)는 수레바퀴가 지나간 자국이다. 주(周)나라 사람들이 수레 제작하는 방법을 「동관(冬官)」에 기록해 놓았다. 수레바퀴의 폭은 6촌, 수레의 폭은 6척이므로 양 수레바퀴의 폭은 항상 일정하다. 옛 말에 문을 닫아걸고 수레를 만들고, 밖에 나가서 바퀴를 맞춘다고 하였는데(古語所謂閉門造車 出門合轍), 그 방법이 같음을 말한 것이다」

여기서 말한 「폐문조거」는 뒤에 오는 출문합철(出門合轍)과 상응하여, 수레를 만드는 방법은 일정한 규격이 정해져 있으므로 수레와 수레바퀴를 따로 제작하여도 서로 잘 맞는다는 뜻이다.

고대에 사용하던 수레는 양쪽 바퀴 사이의 거리가 일정하게 정해져 있어서 문을 닫아걸고 집안에서 수레바퀴를 합쳐 조립해도 길에 만들어둔 궤도나 앞서 지나간 바퀴자국에 들어맞았다.

여기서 유래하여 폐문조거는 원래 일정한 원칙이나 규칙에 따라 일을 행하는 것을 비유하였으나, 나중에는 실제에 부합하는지의 여부를 따지지 않고 자기 주관대로만 일을 처리하는 것을 비유하는 말로 바뀌어 사용되게 되었다.

문을 닫고 수레를 만들면 어떻게 되겠는가? 힘들여 만든 수레가 문보다 크다면 수레를 몰고 나갈 수 없을 것이다. 그렇다고 문을 부술 수는 없지 않은가? 「폐문조거」는 바로 이러한 상황을 나타내는 말이다. 그러므로 모든 일을 시작할 때는, 일이 완성된 후에 발생할 수 있는 모든 상황을 반드시 점검해두어야 한다는 것이다. 한 개인의 삶의 계획도 그러하며, 가정의 일이나 나라의 모든 일도 예외가 아니라 하겠다.

❻ 維歲次(유세차) 维岁次

바 **維** 해 **歲** 차례 **次**

이 해의 차례. 維는 발어사. 제사 축문(祝文)의 첫머리에 관용적으로 쓰는 말이다. 축문은 제사를 지내는 사람이 제사를 받는 대상에게 알리는 글이다. 축문에는 제사를 드리는 이유와 느낌, 준비한 제수(제사음식) 등이 적혀있다. 일반적으로 처음에 「유세차(維歲次)」로 시작하여 그 제사를 드리게 된 이유를 「언제－누가－누구에게－어떤 일로－무엇을」의 형식으로 알리고 보통 「상향(尙饗 : 차린 제사 음식을 받으시기를 바람)」으로 마무리한다. 보통 신마다 각기 축문을 써서 첫잔을 올리고 읽는다. 이러한 축문의 서두(書頭)는 유가제례(儒家祭禮) 축문 형식과 동일하다.

❼ 造次弗離 (조차불리) 造次弗离 지을 **造** 버금 **次** 아닐 **弗** 떠날 **離**

잠시라도 떠나보내서는 안 된다. 《천자문》에 있는 말이다.

「어질고 사랑하며 불쌍히 여기는 마음은, 잠시라도 떠나보내서는 안 된다(仁慈隱惻 造次弗離)」

《논어》 이인(里仁)편에 이런 말이 있다.

「군자는 밥 한 그릇을 먹는 짧은 시간이라도 인(仁)을 떠나서는 안 되며, 다급하고 구차한 상황에 처하더라도 반드시 인(仁)을 새겨야 하며, 목숨이 위태로운 상황에 놓이게 되더라도 꼭 인(仁)을 지켜야 한다(君子無終食之間違仁 造次必於是 顚沛必於是)」

인(仁)이란 사람다운 심성을 가리키고, 「사람다운 심성」이란 남을 측은히 여기고 그의 인격을 존중하여 자신의 욕망과 충동을 자연스럽게 억제하는 착한 마음씨이다. 이 인은 유교에서 말하는 인간의 이상적 본질과 속성으로, 인간에게 가장 중요한 덕목이며 근본적인 가치이다. 그리고 이 인은 사람에게만 적용되는 것이 아니고 자연의 모든 생명체에 적용된다.

인이라는 심성을 가장 잘 나타내는 예가 《논어》 술이편에, 「낚시질은 해도 그물은 치지 않고, 주살질을 해도 자는 새는 쏘지 않는다(釣而不網 弋不射宿)」에 잘 묘사되어 있다.

❽ 支離滅裂 (지리멸렬) 支离灭裂 가를 **支** 떼놓을 **離** 멸망할 **滅** 찢을 **裂**

이리저리 흩어지고 찢기어 갈피를 잡을 수 없는 일, 곧 체계가 없이 마구 흩어져 갈피를 잡을 수 없음을 뜻하는 말이다.

장 자

「지리(支離)」의 어원으로는 두 가지로 전해진다. 하나는 옛날에 「지리」라는 사람이 있었는데, 그는 소나 돼지 따위의 짐승을 잡을 때 누구보다도 뼈와 살을 깨끗이 발라내는 도살의 명수였다. 곧 그의 손에 짐승을 맡기면 원래의 형체를 알아볼 수 없게 이리저리 찢기어 해체된다는 뜻에서 「지리」라는 말이 유래되었다고 한다.

또 하나는 《장자(莊子)》에 나오는 말로 「지리」라는 이름을 가진 사람이 있었는데 그는 지체장애인이었다. 앞으로 가려고 손을 앞으로 내밀어도 발이 따라가 주지 않고, 오른쪽으로 가려고 하면 왼쪽으로 발이 향하는 것이었다. 이런 고사에서 「지리」라는 표현이 나왔다고 한다.

「멸렬(滅裂)」이라는 말을 처음으로 쓴 사람도 장자였다. 그는 통치자가 「백성을 다스리는 데 멸렬하지 말라」는 말을 했다. 여기서 그가 말한 「멸렬」의 의미는 우직하고 경솔하고 말과 행동이 겉돈다는 뜻이 담겨져 있었다.

후세에 이 두 가지 말이 합쳐져 「지리멸렬」이라는 말이 생겨났고, 어떤 일이 갈피를 잡을 수 없도록 어수선하게 엉키어 제대로 풀리지 않을 때 이 말을 사용하게 되었다.

48. 節義廉退 顚沛匪虧 节义廉退 顚沛匪亏

절의염퇴 전패비휴

	한자	음
❶	節用愛人	절용애인
❷	大義滅親	대의멸친
❸	破廉恥	파렴치
❹	成功者退	성공자퇴
❺	七顚八起	칠전팔기
❻	造次顚沛	조차전패
❼	顚沛匪虧	전패비휴
❽	功虧一簣	공휴일궤

풀이

❶ 節用愛人 (절용애인)

节用爱人　마디 **節** 쓸 **用** 사랑 **愛** 사람 **人**

공 자

「쓰기를 절제하고 사람을 사랑하라」는 뜻으로, 「절용애인」은 백성을 다스리기 위한 지도자의 다섯 가지 덕목 가운데 하나로서, 나라의 재물을 아껴 쓰고 백성을 사랑하라는 말이다. 《논어》 학이편(學而篇)에 있는 말이다.

「공자가 말하기를, 천승의 나라를 다스리려면 일을 공경하고 믿음으로 하며, 쓰기를 절제하고 사람을 사랑하며, 백성을 부리기를 때를 맞추어야 한다(子曰 道千乘之國 敬事而信 節用而愛人 使民以時)」

「천승지국(千乘之國)」은 제후를 뜻한다. 전쟁이 일어났을 때, 네 필의 말이 끄는 전차 한 대에 30명의 보병을 실어 천 대를 낼 수 있는 나라라는 뜻이다. 이런 천승의 나라를 다스리기 위해서는 다섯 가지의 덕목을 시행해야 한다고 공자는 말한다.

하는 일에 분수를 넘지 말 것이며, 이것으로 백성들에게 믿음을 줄 것, 물자를 아껴 쓰며 백성을 사랑할 것, 부역은 농사철을 피할 것 등이다. 즉, 지도자가 백성들에게 모범을 보여야 한다는 말이다. 우리 속담의 「윗물이 맑아야 아랫물이 맑다」와 통하는 말이다. 윗사람은 아랫

사람에게 가장 큰 영향을 준다. 그리고 아랫사람이 있음으로써 윗사람이 있는 것이니, 이 둘은 하나이면서도 둘이다. 절용이란 낭비를 말자는 뜻이지, 무작정 아끼라는 것은 아니다. 백성을 위해 써야 할 곳은 써야 한다는 말이다.

❷ 大義滅親 (대의멸친) 大义灭亲 큰 **大** 옳을 **義** 멸할 **滅** 친할 **親**

국가의 대의를 위해서는 부모 형제도 돌아보지 않음.

국가나 사회 전체에 미치는 대의명분을 위해서는 개인적인 친분은 고려되지 않는다는 것이 「대의멸친」이다.

「춘추필법(春秋筆法)」이란 말이 있다. 공자가 편찬했다는 《춘추(春秋)》에 나오는 역사적 기록은, 그 글자 하나하나에 사회정의와 관련된 깊은 뜻이 들어 있다고 해서 생긴 말이다.

《춘추좌씨전》에 있는 이야기다.

노나라 은공(隱公) 4년(BC 719)에 위(衛)나라 공자 주우(州吁)가 임금 환공(桓公)을 죽이고 스스로 임금 자리에 올랐다. 환공과 주우는 이복형제 사이로, 주우는 첩의 소생이었다. 그는 어릴 때부터 성질이 거칠고 행동이 방자했는데, 아버지 장공(莊公)은 그를 사랑한 나머지 그냥 눈감아주고 있었다. 석작(石碏)이란 대신이 앞일을 걱정하여, 「주우 공자를 태자로 세우실 생각이시면 일찍 결정을 내리십시오. 이대로 두면 큰 화를 불러일으키게 될 것입니다」 하고 간했으나 장공은 말이 없었다.

석작이 간한 까닭인즉, 장공의 정비인 장강(莊姜)이 주우를 미워하고 있었기 때문이다. 장강은 얼굴도 미인이고 마음씨도 착했으나 아들을 낳지 못했다. 그래서 다른 부인의 몸에서 난 아들을 자기 아들로 길러 뒤를 잇게 한 것이 환공이었다. 그런데 석작의 아들 석후(石厚)는 재주와 용맹이 뛰어났으나, 아버지의 반대를 무릅쓰고 끝내 주우와 한통속이 되어 어울려 다녔다.

석작이 염려한 대로 주우는 석후와 짜고 임금 환공을 죽이고 스스로 임금으로 올라앉았다. 석작은 전에 이미 벼슬에서 물러나 집에 들어박혀 있었으나 나라를 걱정하는 마음은 누구보다도 강했다. 주우는 자기 지위를 굳히기 위해 무력으로 이웃 나라를 침공하는 등 여러 가지 방법을 써 보았으나 백성들은 여전히 그를 따르지 않았다. 방법에 궁한 석후가 그의 아버지에게, 어떻게 하면 주우의 지위를 안전하게 할 수 있느냐고 물었다. 석작은 말했다.

「천자에게 문안을 드리는 것이 좋을 것이다」

「천자께서 받아들일 것 같지가 않습니다」

「진(陳)나라 임금은 천자의 신임을 받고 있다. 지금 진나라는 우리 나라와 사이가 좋으니, 진나라를 통해서 가면 무난할 것이다」

이리하여 석후는 주우와 함께 진나라로 떠났다.

한편 석작은 급히 사신을 진나라로 보내 이렇게 전했다.

「우리나라는 힘이 없어 역적의 무리를 다스리지 못하고 있으니, 임금을 죽인 이들 두 사람을 귀국에서 처치해 주시기 바랍니다」

석작의 부탁을 받은 진나라에서는 주우와 석후를 잡아 가두고, 위나라에다 처형에 입회할 사람을 보내달라고 청했다. 이때 석작은, 혹시 자기 체면을 생각해서 자기 아들 석후를 살려 놓지나 않을까 하는 염려에서 심복 가신을 보내 직접 석후를 처형하도록 시켰다. 이상이 「대의멸친」과 관련된 사건의 줄거리인데, 《좌전(左傳)》에는 끝에 가서 군자의 말이라 하여 다음과 같은 평을 덧붙이고 있다.

「석작은 충성된 신하다. 주우를 미워하여 자식인 후까지 죽였다. 대의를 위해 육친의 정을 버린다는 것은 이를 두고 한 말일 것이다(大義滅親 其是之謂乎)」

③ 破廉恥 (파렴치) 破廉耻　　깨어질 **破** 청렴할 **廉** 부끄러울 **恥**

염치가 없어서 도무지 부끄러움을 모르는 사람. 몰염치(沒廉恥). 후안무치(厚顔無恥). 《관자(管子)》 목민편(牧民篇).

④ 成功者退 (성공자퇴) 成功者退　이룰 **成** 공 **功** 사람 **者** 물러날 **退**

공을 이룬 사람은 때를 알고 물러나야 걱정이 없다.

공을 이룬 사람은 물러나야 한다는 것이 「성공자퇴」다. 보다 구체적인 표현이 「공성신퇴(功成身退)」다. 그러나 이 말의 원 말은 「성공자거(成功者去)」다. 사람만이 아니고 모든 사물은 일단 목적을 달성한 뒤에는 다음 오는 것에게 그 자리를 물려주고 가버린다는 뜻이다.

《사기》 범수채택열전에 있는 채택(蔡澤)의 말이다.

수고(須賈)의 모함을 받아 거의 죽을 뻔한 범수는 나중에 이름도 장록(張祿)으로 고쳐 진(秦)나라에 가서 신임을 얻어 재상이 되었다. 그는 정치를 훌륭하게 하여 마침내 진나라를 강국으로 만들었다.

그러나 진나라 승상이 된 범수(范雎)도 차츰 실수를 저지르기 시작했다. 게다가 진소왕(秦昭王)의 신임마저 날로 엷어져 가고 있었다. 이 소문을 들은 채택이 그의 뒤를 물려받을 생각으로 진나라로 향하게 된다. 그는 진나라에 도달하기 전 도중에 도둑을 만나 가지고 있던 여행 도구까지 다 빼앗기고 말았다.

함양에 도착한 채택은 소문을 퍼뜨려 범수의 귀에 들어가게 한다.

「연나라 사람 채택은 천하의 호걸이요 변사다. 그가 한번 진왕을 뵙게 되면 왕은 재상의 자리를 앗아 채택에게 주게 될 것이다」

범수는 채택을 불러들여 불쾌한 태도로 물었다.

「당신이 날 대신해 진의 승상이 된다고 했다는데, 그게 사실이오?」

「그렇습니다」

「어디 그 이야기를 한번 들어 봅시다」

이리하여 채택은, 「어쩌면 그렇게도 보는 것이 더디십니까. 대저 사시(四時)의 순서는 공을 이룬 것은 가는 법입니다(凡夫四時之序成功者去……)」하고 이론을 전개하기 시작, 마침내 범수를 설득시켜 그로 하여금 그 자리를 물러나야 되겠다는 것을 느끼게 했다.

이리하여 범수의 추천으로 진나라의 재상이 된 채택은 몇 달이 다 가지 않아 자기를 모략하는 사람이 있자, 자기가 범수에게 권했듯이 곧 병을 핑계로 자리를 내놓는다. 그리하여 진나라에서 편안히 여생을 보내며 가끔 사신으로 외국에 다녀오곤 했다.

❺ 七顚八起 (칠전팔기)

七顚八起 일곱 **七** 넘어질 **顚** 여덟 **八** 일어설 **起**

「칠전팔기」는 일곱 번 넘어지고 여덟 번 일어난다는 뜻이다. 아무리 실패를 거듭해도 절망하거나 체념하지 않고 끝까지 분투노력하는 것을 말한다.

七이니 八이니 하는 숫자는 많다는 뜻이다. 넘어졌다가 일어나는 것을 이치대로 따진다며 일곱 번 넘어졌으면 일곱 번 일어나는 것으로 끝난다. 한 번 넘어진 사람이 두 번 일어날 수는 없기 때문이다.

결국 몇 번을 넘어지든 다시 일어나고 또 일어난다는 뜻이다.

「칠전팔도(七顚八倒)」란 말이 있다. 일곱 번 넘어지고 여덟 번 거꾸러진다는 말이다. 역시 칠과 팔을 많다는 형용사로 쓴 것이다.

또 「십전구도(十顚九倒)」란 말도 있다. 같은 말이다.

열 번 넘어졌다면 아홉 번까지 일어났다는 뜻도 된다.

일어나지 않았으면 넘어질 수 없으니까, 문제는 넘어진 숫자에 있는 것이 아니고 일어난 숫자에 있는 것이다.

아니 다시는 넘어지지 않을 때까지 일어나는 것에 뜻이 있는 것이다.

백 번 꺾여도 굴하지 않는다는 뜻의 「백절불굴(百折不屈)」, 「백절불요(百折不搖)」, 어떠한 위력이나 무력에도 굴하지 않는다는 뜻의 「위무불굴(威武不屈)」, 결코 휘지도 굽히지도 않는다는 뜻의 「불요불굴(不撓不屈)」도 모두 비슷한 말이다.

❻ 造次顚沛 (조차전패)

造次顚沛 지을 **造** 버금 **次** 엎드러질 **顚** 비 쏟아질 **沛**

「엎어지고 자빠지는 급한 순간」이라는 뜻으로, 다급한 경우를 비유하는 말이다. 《논어》 이인(里仁)편에 있는 공자의 말이다.

조차(造次)는 짧은 순간이나 다급한 때를 가리키고, 전패(顚沛)는 엎어지고 자빠지는 곤경을 뜻한다.

「부귀는 사람들이 모두 바라는 바이지만, 정당한 방법으로 얻은 것이 아니라면 거기에 머물지 않는다. 빈천은 사람들이 모두 싫어하는 바이지만, 정당한 방법으로 얻은 것이 아니라면 구태여 거기서 떠나지 않는다. 군자가 인(仁)을 버리면 어떻게 명예를 이룰 수 있겠는가? 군자는 밥을 먹는 순간에도 인을 어기지 않으니, 황급할 때에도 반드시 인을 지키고, 곤경에 처하여서도 반드시 인을 지킨다(君子無終食之間違仁 造次必於是 顚沛必於是)」라고 말하였다.

군자는 정당한 방법에 의해 얻은 부귀가 아니라면 누려서는 안 된다. 또한 정당한 방법으로 얻은 빈천이 아니라면, 곧 자신의 재능이나 노력이 부족하여 빈천하게 된 경우가 아니라면 구태여 그러한 빈천에서 벗어나려고 애쓰지 않는다.

군자가 지녀야 할 것은 인이며, 짧은 순간에도 엎어지고 자빠지는 곤경에 처하여서도 인을 잃지 말아야 한다는 말이다. 여기서 유래하여 「조차전패」는 다급한 경우 또는 매우 위급하고 중대한 순간을 비유하는 성어로 사용된다.

❼ 顚沛匪虧 (전패비휴)

顚沛匪亏
뒤집을 **顚** 자빠질 **沛** 아닐 **匪** 이지러질 **虧**

엎어지고 넘어지더라도 흐트러뜨려서는 안 된다.

《천자문》에 있는 말이다.

「의리와 청렴과 물러남은, 엎어지고 넘어지더라도 흐트러뜨려서는 안 된다(節義廉退 顚沛匪虧)」

유교에서 인(仁)과 의(義)는 제일 중요한 덕목이다. 절의(節義)와 염퇴(廉退)는 어떤 위급한 상황, 즉 엎어지고 자빠지는 난세에서도 절의로써 이지러지지 않아야 진정한 군자임을 밝히고 있다.

❽ 功虧一簣 (공휴일궤) 功亏一篑 공 **功** 이지러질 **虧** 한 **一** 삼태기 **簣**

「공이 한 삼태기로 허물어졌다」는 뜻으로, 거의 성취하여 가는 일을 그만 중단했기 때문에 모두 허사가 되고 말았음을 이르는 말.

《서경》 여오편에 있는 이야기다.

「……아홉 길 산을 만드는 데 일(功)이 한 삼태기(簣)로 무너진다」라고 한 데서 비롯된다.

여오편은, 주(周)나라 무왕이 은(殷)나라 주왕(紂王)을 무찌르고 새 왕조를 열어, 그 위력이 사방의 이민족에게까지 미치게 되었을 때, 서쪽에 있는 여(旅)라는 오랑캐 나라에서 오(獒)라는 진기한 개를 선물로 보내왔다.

오는 키가 넉 자나 되는 큰 개로 사람의 말을 잘 알아듣고, 또 사람이나 짐승을 잘 덮친다 해서 무왕은 몹시 기뻐하며 그 개를 아주 소중히 길렀다. 그래서 무왕의 아우인 소공(召公) 석(奭)이 무왕이 혹시 그런 진기한 것들에 마음이 끌려 정치를 등한히 하지나 않을까 하는 염려에서 일깨워 말한 것이다. 그 앞부분서부터 한 말을 소개하면,

「슬프다, 임금 된 사람은 아침부터 저녁까지 잠시라도 게으름을 피워서는 안된다. 아무리 사소한 일이라도 이를 조심하지 않으면 마침내 큰 덕(德)을 해치기에 이르게 된다. 예를 들어 흙을 가져다가 산을 만드

는데, 이제 조금만 일을 계속하면 아홉 길 높이에 이르게 되었을 때, 이제는 다 되었다 하고 한 삼태기의 흙 운반하기를 게을리 하게 되면 지금까지의 애써 해 온 일이 모두 허사가 되어 버리고 만다」라고 했다는 것이었다.

소공 석

이와 비슷한 말은 공자도 하고 있다. 《논어》 자한편(子罕篇)에 보면,

「비유하자면 그것은 마치 산을 만드는 것과 같다. 비록 한 삼태기로 이루지 못했더라도 그만둔 것은 내가 그만둔 것이 아니겠는가」라고 나와 있다.

그런데 아홉 길 산이 한 삼태기 흙으로 못 쓰게 된다는 비유는 적절하지 못하다는 평도 있다. 그것에 비해 맹자가 말한 아홉 길 우물의 비유는 훨씬 실감을 준다 하겠다. 《맹자》 진심편 상(盡心篇上)에서 맹자는 이렇게 말하고 있다.

「어떤 일을 하는 것은, 비유하면 우물을 파는 것과 같다. 우물을 아홉 길을 파 들어가다가 샘에까지 이르지 못하고 그만두면 그것은 우물을 버린 것과 같다」

한 삼태기의 흙만 더 파내면 샘이 솟아나게 되어 있다 하더라도, 거기까지 계속해 파내려가지 못하고 도중에 그만두어 버리면 아홉 길을 파내려간 지금까지의 노력을 포기한 거나 다름이 없으니, 그야말로 「공휴일궤」가 아닐 수 없다. 무슨 일이든 끝을 내지 못하면 아무 소용이 없는 것이다.

49. 性靜情逸 心動神疲 性静情逸 心动神疲

성정정일 심동신피

❶ 本然之性 (본연지성)

❷ 性靜情逸 (성정정일)

❸ 烏鳥私情 (오조사정)

❹ 勞思逸淫 (노사일음)

❺ 心猿意馬 (심원의마)

❻ 輕擧妄動 (경거망동)

❼ 兵貴神速 (병귀신속)

❽ 明鏡不疲 (명경불피)

풀이

❶ 本然之性 (본연지성) 本然之性 근본 **本** 그럴 **然** 갈 **之** 본성 **性**

「사람이 본래부터 지니고 있는 심성」이라는 뜻으로, 착하고 사리사욕이 전혀 없는 천부자연의 심성을 이르는 말이다. 성리학의 심성론에서 유래되었다.

주자학(朱子學)에서 주장하는 학설의 하나. 사람에게는 두 가지 형태의 성(性)이 있는데, 그것은 본연지성과 기질지성(氣質之性)이라는 것이다. 본연지성은 순연(純然)하게 하늘로부터 부여받은 성이고, 기질지성은 혈기나 기질과 뒤엉켜진 뒤에 생긴 성이라고 한다.

《주자어류》에 있는 말이다.

「천지지성이 있고 기질지성이 있다. 천지지성은 태극의 본연한 오묘함을 지니고 있어 겉으로 보면 만 가지로 다르지만 근본은 하나에 있다. 기질지성은 두 가지 기운이 뒤섞여 움직여서 생겨나는 것으로, 겉보기에는 근본이 하나인 듯하지만 만 가지로 서로 다르다 (有天地之性 有氣質之性 天地之性則太極本然之妙 萬殊而一本也 氣質之性則二氣交運而生 一本而萬殊也)」

주희가 말한 천지지성(天地之性)은 본연지성과 같은 뜻이다. 본연지성과 기질지성의 차이는 곧 이(理)와 기(氣)의 문제와도 연관이 있다. 즉 이는 하늘의 이치로서 하늘의 섭리는 바름(正)을 바탕으로 하기 때문에 이가 간섭해서 이루어진 성은 순진무구하다. 때문에 그것은 인간에게 있어서는 선(善)으로 나타나며 이런 이유로 해서 유가(儒家)는 인성(人性)을 선하다고 보는 성선설(性善說)을 옹호하는 것이다.

주 희

그런데 이 선한 본연지성은 외부 상황과 부딪칠 때 그대로 발현되지 못하게 된다. 즉 기의 간섭을 받게 되는 것이다. 기에는 청탁(淸濁)의 변별(辨別)이 있어서 청의 성분을 받으면 선한 본성이 유지되지만 탁의 성분에 영향을 받으면 불선(不善)에 빠질 여지가 있다. 그러므로 기질지성은 항상 선할 수만은 없게 된다. 그래서 유가에서는 선한 본연지성을 기질지성에도 그대로 발현되게 하기 위해서는 교육이 절대적으로 필요하다고 보는 것이다.

❷ 性靜情逸(성정정일) 性靜情逸 성품 **性** 고요할 **靜** 뜻 **情** 편안할 **逸**

성품이 고요하면 감정 역시 편안하다.

《천자문》에 있는 말이다.

「성품이 고요하면 감정 역시 편안하고, 마음이 흔들리면 정신 역시 피로해진다(性靜情逸 心動神疲)」

《예기(禮記)》에 이런 말이 있다.

「사람이 나서 고요해짐은 하늘의 성품이요, 사물에 감동되어 움직이는 것은 성품의 욕심이다(人生而靜 天之性也 感於物而動性之欲也)」

사람이 태어나 고요할 때는 본성이 그대로 살고 사물에 감동되어 움직이게 되면 정이 생긴다. 마음은 사물을 만날 때마다 흔들리기 쉽다. 마음이 사물에 따라 동요하여 못 속에 빠지기도 하고 하늘 위로 날기도 한다면 그 성품을 온전히 보전하지 못하여 정신이 피곤해진다.

요컨대 성품이 고요하면 감정 역시 편안하고, 마음이 흔들리면 정신 역시 피로해진다는 말이다.

❸ 烏鳥私情 (오조사정) 乌鸟私情 까마귀 **烏** 새 **鳥** 사사로울 **私** 뜻 **情**

「까마귀의 사사로운 정」이라는 뜻으로, 까마귀가 자라서 길러준 늙은 어미에게 먹이를 물어다 먹여 은혜를 갚는 것과 마찬가지로 부모를 섬기는 자식의 지극한 효심을 비유하는 성어이다.

오조지정(烏鳥之情)이라고도 한다.

진(晋)나라 사람 이밀은 태어난 지 6개월 만에 아버지를 여의고 네 살 때 어머니도 개가하여 조모인 유씨(劉氏) 손에 자랐으므로 조모에 대한 효심이 지극하였다.

이밀과 할머니

진(晋) 무제(武帝 : 사마염)가 이밀을 태자세마(太子洗馬)에 임명하였을 때 조모 유씨는 90세가 넘어 병석에 있었다. 이밀은 조모를 봉양해야 하므로 명을 따를 수 없는 사정을 글로 옮겨 무제에게

올렸는데, 이것이 「진정표(陳情表)」이다.

이밀은 글의 말미에 다음과 같이 간곡하게 말하였다.

진무제

「신(臣) 밀은 올해 44세이고 조모 유씨는 96세이니, 신이 폐하께 절의(節義)를 다할 날은 길고, 유씨를 봉양할 날은 짧습니다. 까마귀가 먹이를 물어다 늙은 어미에게 먹여 은혜를 갚듯이, 조모가 돌아가시는 날까지 봉양하게 해주시기를 바라옵니다(烏鳥私情 願乞終養). 신의 고충은 촉(蜀) 땅의 인사들뿐 아니라 양주와 익주의 장관들까지 잘 알고 있습니다. 바라건대 폐하께서는 어리석은 정성을 가엾게 여겨 신의 작은 뜻을 들어주십시오. 유씨가 요행히 여생을 끝까지 보존하게 된다면 신은 살아서는 마땅히 목숨을 바쳐 폐하를 섬기고, 죽어서도 결초보은(結草報恩)할 것입니다. 신이 두려운 마음을 이기지 못하여 삼가 절하며 표(表)를 올려 아뢰나이다」

무제는 이 글을 읽고 이밀의 효심에 감동하여 관직에 임명하려던 뜻을 거둔 것은 물론 이밀로 하여금 조모를 잘 봉양할 수 있도록 노비와 식량까지 하사하였다.

중국문학에서 서정문(抒情文)을 대표하는 작품 중 하나로, 제갈량(諸葛亮)의 「출사표(出師表)」 한유(韓愈)의 「제십이랑문(祭十二郎文)」과 더불어 중국 3대 명문에 속한다.

예로부터 「『출사표』를 읽고서도 눈물을 흘리지 않는 자는 충신이 아니고, 『진정표』를 읽고 눈물을 흘리지 않으면 효자가 아니다」라는 말이 있다.

진정표를 쓴 이밀(李密, 224-287)은 진(晉)나라 무양(武陽) 사람으로, 태어나서 6개월 만에 아버지를 잃고, 네 살 때 어머니가 개가(改嫁)하여 조모(祖母) 유(劉)씨의 손에서 자랐다.

❹ 勞思逸淫(노사일음) 勞思逸淫 힘쓸 **勞** 생각 **思** 한가할 **逸** 음탕할 **淫**

일을 하면 좋은 생각을 지니고 안일한 생활을 하면 방탕해진다.

「힘써 일해야 마음에 좋은 생각이 들고 편안하게 한가한 생활을 하면 방탕해진다」는 말로서, 일을 해야만 근검절약이 무엇인 줄 알지 안락만 추구하면 나쁜 마음만 일어난다는 말이다.

《열녀전》 모의전에 있는 이야기다.

춘추시대 때의 일이다. 노나라의 대부 공보문백(公父文伯)이 하루는 퇴궐한 뒤 집에 돌아와 보니 어머니가 삼을 삼고 있었다. 이에 그는, 「우리 같은 집에서 어머님께서 삼을 삼으신다면 남들이 아들을 무능하다고 비웃지 않겠습니까?」라면서 만류하였다.

그러자 귀족 출신인 그의 어머니는 「너 같은 사람이 조정에서 벼슬을 하고 있으니 우리 노나라가 망하게 된 게 아니냐? 거기 안거라」 하고는 이렇게 타이르는 것이었다.

「일을 하면 좋은 생각이 들어 착한 마음이 일어나고, 늘 안일하게 생활하면 사람은 방탕해지고 타락하게 되어 나쁜 마음이 일게 되는 것이니라(勞則思 思則善心生 逸則淫 淫則忘善 忘善則惡心生)」

일을 해야만 착하고 좋은 생각이 들며 안일한 생활은 나쁜 마음을 가지게 한다는 것을 말한다.

이렇게 해서 「노사일음」 또는 「노사선생(勞思善生)」 이라는 말이 나오게 되었는데, 오늘날에도 여전히 깊이 생각해볼 만한 말이다.

⑤ 心猿意馬 (심원의마) 心猿意马 마음 **心** 원숭이 **猿** 뜻 **意** 말 **馬**

번뇌로 인해 잠시도 마음과 생각을 가라앉히지 못함.

「심원의마」는 마음은 원숭이 같고 생각은 말 같다는 말이다.

왕양명

원숭이는 잠시도 가만히 있지 못하는 성질이다. 마음이 조용히 가라앉지 못하고 이랬다저랬다 하는 것이 심원(心猿)이다. 말은 달리는 성질을 가지고 있다. 생각이 가만히 한 곳에 있지 못하고 먼 곳으로 달아나버리는 것이 의마(意馬)다.

이 「심원의마」란 말은 불교 경전에서 나온 말이다. 사람이 번뇌로 인해 잠시도 마음과 생각을 가라앉히지 못하는 것을 원숭이와 말에 비유한 것이다. 당나라 석두대사(石頭大師)는 선(禪)의 이치를 말한 《참동계》 주석에서 말하기를,

「마음의 원숭이는 가만히 있지 못하고, 생각의 말은 사방으로 달리

며, 신기(神氣)는 밖으로 어지럽게 흩어진다(心猿不定 意馬四馳 神氣散亂於外)」라고 했다.

이것이 뒤에는 불교 관계만이 아니고, 일반적으로 마음과 생각이 흩어져 안정되어 있지 않은 것을 가리켜 쓰이게 되었다. 왕양명(王陽明, 1472～1528)은 「심원의마」에 대해서 이렇게 쓰고 있다.

「처음 배울 때는 마음이 원숭이 같고 생각이 말과 같아 붙들어 매어 안정시킬 수가 없다……(初學時 心猿意馬 全縛不定……)」

왕양명은 학문의 첫 목적이 지식에 있지 않고 마음의 안정에 있다는 것을 강조하여 이와 같이 말하고 있는 것이다.

❻ 輕擧妄動(경거망동) 轻擧妄动 가벼울 **輕** 들 **擧** 망령될 **妄** 움직일 **動**

가볍게 움직이고 함부로 행동하는 것. 일의 시비(是非)도 깊이 생각하지 않고 우왕좌왕함의 비유. 《홍루몽》

❼ 兵貴神速(병귀신속) 兵贵神速 전술 **兵** 귀할 **貴** 귀신 **神** 빠를 **速**

용병(用兵)은 한 순간도 머뭇거리지 말고 신속하게 행동하는 것이 중요하다는 뜻. 《삼국지》 위서(魏書)에 있는 이야기다.

후한 말 황실과 조정의 권위가 땅바닥에 떨어지고 각처에서 군웅이 할거할 무렵, 명문 출신인 원소(袁昭)는 기주(冀州), 청주(青州), 유주(幽州), 병주(并州) 등 하북(河北) 지역 4개 주를 손아귀에 넣고 호령함으로

써 제후들 가운데 세력이 가장 막강했다.

이때 원소의 통치 지역 북쪽에는 오환(烏丸 : 소수 민족의 취락)이 있었는데, 그 중에서도 요서(遼西)에 있는 선우(單于)의 세력이 가장 컸다. 원소는 선우를 만만치 않다고 판단하여 그를 화친정책으로 회유하여 후방지역의 군사적 보루로 삼았다.

조 조

그런 원소의 최대 경쟁자가 조조(曹操)였다. 한때는 동지요 친구 사이였으나, 이제는 어느 쪽이든 한 사람은 살고 한 사람은 죽어야 할 적이 된 것이다. 그런데 원소는 조조와 화북 지역을 양분하여 상호 견제하던 중 조조로부터 불의의 습격을 받고 대패하였으며, 분한 마음을 참지 못하고 피를 토하고 죽었다.

원소가 죽자 세 아들 가운데 원소가 총애하던 막내인 원상(袁尙)이 아버지의 뒤를 이어 기주의 장관이 되었는데, 이것이 장남 원담(袁譚)과 대립하게 된 원인이 되었다.

조조는 형제간의 불화를 절호의 기회라고 여겨 두 형제를 공격하였다. 두 형제는 할 수 없이 화해하였지만, 오래 가지 못하고 원담이 원상을 공격하여 영토를 차지하였다. 맏형에게 영토를 빼앗긴 원상은 둘째 형 원희(袁熙)에게 피신하였다. 조조는 형제로부터 고립된 원담을 멸망시켰다.

또한 원희의 세력 내에서도 초촉(焦觸)과 장남(張南)이 반란을 일으키자 원희와 원상 두 형제는 북쪽에서 강대한 세력을 형성하는 선우에게 의지하였다.

조조의 세력이 날로 확장되자 선우는 변경지역에서 군대를 일으켜 조조를 괴롭혔다. 마침내 조조는 선우의 빈번한 침략을 좌시하지 않고 괴멸하기로 작정하였으나, 문제는 병사, 말, 식량, 물의 더딘 수송이었다. 그래서 조조가 책사 곽가에게 방책을 물으니 곽가는 이렇게 말했다.

「용병은 귀신같이 빠름이 중요합니다(兵貴神速). 먼저 경기병(輕騎兵)만을 보내십시오」

조조는 곽가의 전술을 받아들여 경기병을 이끌고 진격하였다. 비록 선우가 진두지휘한 병력은 규모에 있어서 큰 차이가 있었으나, 조조군은 신속하게 움직일 수 있는 경기병의 특성을 적절히 사용하여 순식간에 선우의 군대를 전멸시켰다.

「병귀신속」은 병사들의 특성을 상황에 따라 잘 살려 유효적절하고 신속하게 이용한다는 뜻이다.

❽ 明鏡不疲 (명경불피)

明镜不疲 밝을 **明** 거울 **鏡** 아닐 **不** 피로할 **疲**

맑은 거울은 몇 번이고 사람의 모습을 비추어도 피로하지 않음.

맑은 거울과 같은 심성을 가지면 비록 어려움이 있더라도 내적인 힘이 끊임없이 솟아올라 피곤함을 모르게 된다는 것이다.

나아가 밝은 슬기는 아무리 많이 써도 손상되지 않음을 비유하는 말.

《세설신어(世說新語)》 언어중(言語中)편에 있는 말이다.

수진지만 축물의이

50. 守眞志滿 逐物意移 守真志满 逐物意移

❶ 수주대토 守株待兎

❷ 여산진면목 廬山眞面目

❸ 완물상지 玩物喪志

❹ 만성풍우 滿城風雨

❺ 중원축록 中原逐鹿

❻ 물부충생 物腐蟲生

❼ 득의망형 得意忘形

❽ 남산가이 南山可移

풀이

❶ 守株待兎

수주대토

守株待兎 지킬 **守** 그루 **株** 기다릴 **待** 토끼 **兎**

주(株)는 나무를 베고 남은 그루터기를 말한다. 그루터기를 지키며 토끼 나오기만을 기다리는 것이 「수주대토」다. 어떤 착각에 사로잡혀서 안 될 일을 고집하고 있는 어리석음을 비유해서 하는 말이다.

《한비자》 오두편(五蠹篇)에 있는 이야기다.

한비(韓非)는 요순을 이상으로 하는 왕도정치를 시대에 뒤떨어진 생각이라 주장한다. 그는 시대의 변천은 돌고 도는 것이 아니라 진화하는 것이라 보고 복고주의(復古主義)를 진화에 역행하는 어리석은 착각이라고 주장한다. 그는 이러한 주장 끝에, 그의 주장에 반대하는 사람들을 다음과 같은 이야기로 비유하고 있다.

수주대토

송(宋)나라에 한 농부가 있었다. 하루는 밭을 가는데, 토끼가 한 마리 달려가더니 밭 가운데 있는 그루터기에 머리를 들이받고 목이 부러져 죽었다. 그것을 본 농부는 토끼가 또 그렇게 달려와 죽을 줄 알고 쟁기를 놓아둔 채 그루터기만을 지켜보고 있었다.

그러나 토끼는 다시 나오지 않았다. 결국 온 나라 사람들에게 웃음거리만 되고 말았다.

이 우화에서 낡은 관습을 지키며 새로운 시대에 순응할 줄 모르는 것을 가리켜 「수주(守株)」니 「수주대토」니 하고 말한다.

❷ 廬山眞面目 (여산진면목)

庐山眞面目
오두막집 **廬** 뫼 **山** 참 **眞** 얼굴 **面** 눈 **目**

여산진면목

「여산의 참모습」이라는 뜻으로, 너무도 깊고 유원하여 그 참모습을 파악하기 어려움을 비유하는 말이다.

송나라 때 문인 소식(蘇軾)이 여산(廬山)을 소재로 해서 쓴 작품에 나온다. 그는 「제서림벽(題西林壁)」에서 이렇게 쓰고 있다.

가로 보면 뻗어 간 고개요 옆으로 보면 솟은 봉우리라
멀리 가까이서 높이 낮은 곳에서 보기에 따라 각기 다르구나.
여산의 참다운 모습을 우리가 알 수 없는 것은
이 몸이 이 산중에 있기 때문이겠지.

橫看成嶺側成峰　　횡간성령측성봉
遠近高低各不同　　원근고저각부동
不識廬山眞面目　　불식여산진면목

只緣身在此山中　　지연신재차산중

이 시는 소동파가 신종황제 원풍(元豊) 7년에 여산을 유람할 때 서림사(西林寺) 벽에 써놓은 것이다.

여기에서 특히 마지막 두 구절은 사람들이 대대로 내려오면서 칭찬해 마지않는 명구이다.

무릇 사물의 정체를 알아차리기 힘들거나, 어떤 사람의 태도가 그다지 명확하지 않음을 가리켜 「불식여산진면목」이라고 하게 되었으며, 자신이 복잡한 갈등 속에 빠져 객관적으로 명석하게 문제를 분석할 수 없는 경우를 가리켜 이 구절로 비유하기도 하였다. 그리고 어렴풋한 가운데 정체가 차츰 드러나는 것을 가리켜 「여산진면목」이라고 한다.

❸ 玩物喪志 (완물상지)　玩物丧志　희롱할 **玩** 만물 **物** 잃을 **喪** 뜻 **志**

하찮은 물건에 대한 집착으로 큰 뜻을 잃음.

은(殷)나라의 마지막 왕 주(紂)는 하(夏)의 걸왕(桀王)과 함께 걸주(桀紂)로 병칭되는 악덕 천자의 대표적 존재이다. 주(紂)는 무도한 군주에게 주어진 시호이다.

주문왕과 여상

주(紂)는 성격이 포악하고 백성들에게 재화와 보물들을 거두어들여 호화로운 궁전을 짓고 유흥에 빠져 백성들의 원망이 높았다. 조세와 형

벌을 가혹하게 하여 백성들은 도탄에 빠졌고, 민심과 제후들의 마음은 상(商) 왕조를 이탈하여 당시 선정을 베풀어 한창 융성하고 있던 주(周)의 문왕(文王)에게로 쏠렸다.

주(周)나라의 서백(西伯) 창(昌)은 겉으로는 주를 섬겼으나 머지않아 은이 망할 것을 예견하고 주를 칠 준비를 하고 있었다. 문왕 창이 죽고 아들 무왕(武王)이 뒤를 이어 기원전 1051년 드디어 은의 수도를 목표로 군사를 일으켰다.

소공 석

이 보고를 받은 폭군 주는 감옥에 가득 찬 죄인들을 풀어 70만 대군을 편성하여 주의 군사를 목야(牧野)에서 맞아 결전을 치르기로 하였으나, 이미 민심을 잃은 그에게 충성을 바치는 군사는 없었다.

순식간에 대오가 무너지고 쫓기던 주왕은 궁전에 스스로 불을 지르고 죽었다. 주나라를 세운 무왕은 건국의 공신들에게 각지에 제후로 봉하고 더불어 먼 나라에도 사신을 보내어 자기의 문덕과 무공을 전하고 신하로서 자신을 왕으로 섬길 것을 요구하였다.

어느 날, 서방의 먼 곳에 자리 잡은 여(旅)나라의 사신이 와서 큰 개 한 마리를 헌상했다. 무왕은 이 진기한 선물을 기쁘게 받고 사자에게 큰 선물을 내렸다. 이것을 본 태보(太保) 소공(召公)이 글을 올려 다음과 같이 간언했다.

「사람을 가지고 놀면 덕을 잃고(玩人喪德), 물건을 가지고 놀면 뜻을 잃습니다(玩物喪志)」

이 말을 듣고 무왕은 은나라의 멸망을 교훈삼아 큰 개는 물론 헌상품을 모조리 제후와 공신들에게 나누어주고 정치에 전념했다.

❹ 滿城風雨 (만성풍우)

满城风雨　　찰 **滿** 성 **城** 바람 **風** 비 **雨**

성내에 바람과 비가 가득하다는 뜻으로, 일이 여러 사람의 입에 오르내리고 의견이 분분함을 이르는 말. 남송(南宋) 때 석혜홍(釋惠洪)이 지은 《냉재야화(冷齋夜話)》에 있는 이야기다.

송(宋)나라의 시인 사무일(謝無逸)이 글을 짓는 문인 친구인 반대림(潘大臨)에게 최근에 새로 지은 시가 있는지 물어보았다. 반대림은 동생 반대관(潘大觀)과 함께 시명(詩名)을 떨쳤고, 소식(蘇軾)과 황정견(黃庭堅), 장뢰(張耒) 등과도 교유했으며 저서에 《가산집(柯山集)》이 있다.

사무일의 물음에 반대림은 이렇게 대답했다.

「가을 풍경이 너무 아름다워 한가로이 바람을 쐬면서 누워 있는데 숲속에서 들려오는 바람소리와 빗소리에 불현 듯 일어나 시를 지어서 벽에다가 『성 안에 비바람 소리가 가득하니 중양절이 가까웠구나(滿城風雨近重陽)』라는 시구(詩句)를 쓰고 있는데 갑자기 세금 독촉하러 온 사람 때문에 그만 시흥(詩興)이 깨져 이 한 구절밖에 지을 수 없었다네」

중양절이 가까워 오면 비바람이 크게 불었는데 가을의 정취를 나타내기도 하며, 소문이 여러 사람의 입에 오르내려 떠들썩하다는 말이다.

⑤ 中原逐鹿 (중원축록) 中塬逐鹿 가운데 **中** 근원 **原** 쫓을 **逐** 사슴 **鹿**

중원에서 사슴을 쫓는다는 말이다. 여기서 중원이라 함은 정권을 다투는 무대를 말한다. 녹(鹿)은 사슴, 곧 정권·권력을 일컫는 말로 쓰인다. 「각축(角逐)」도 같은 말이다.

《사기》 회음후열전에 있는 이야기다.

한고조 때 조(趙)나라 재상 진희(陳晞)가 대(代) 땅에서 반란을 일으키자 고조가 군사를 이끌고 진압에 나섰다. 그 틈에 진희와 내통하고 있던 회음후 한신이 한나라의 도읍인 장안에서 다시 반란을 일으키려 했으나 사전에 기밀이 누설되어 잡혀 죽고 말았다.

괴 통

진희의 반란군을 평정하고 돌아온 고조는, 한신이 「괴통(蒯通)의 말을 듣지 않은 것이 분하다」라고 말하고 죽었다는 말을 듣고는 당장 괴통을 잡아들이라고 명했다. 괴통은 앞서 고조 유방이 항우와 천하를 다투고 있을 때 제왕(齊王)이었던 한신에게 독립할 것을 권했던 인물이다. 이윽고 고조 앞에 끌려온 괴통은 고조의 문초에 당당히 말했다.

「그 때 한신이 저의 책략에 따랐다면 오늘 폐하의 힘으로도 그를 당해내지 못했을 것입니다」

고조는 대로해서 그를 당장에 끓는 물에 집어넣으라고 명령했다. 그러자 괴통은 굴하지 않고 대꾸했다.

「폐하, 저는 죽을 만한 죄를 짓지 않았습니다. 진(秦)나라의 기강이 무너지자 산동(山東)이 소란스러워지고 각지에서 영웅호걸들이 무리를 지어 일어났습니다. 진나라가 사슴(鹿 : 제위)을 잃었기 때문에 천하가 모두 이를 쫓았던 것입니다. 그런데 그 중 가장 뛰어난 폐하께서 이를 잡으셨던 것입니다. 옛날 도척(盜跖)의 개가 요(堯)임금을 보고 짖었다(跖之狗吠堯)고 했거니와, 요임금이 악인이라 짖은 것이 아니요, 원래 주인이 아니면 누구라도 짖는 것이 개이기 때문입니다. 말하자면 당시 신은 오직 한신만 알고 폐하를 알지 못했기 때문에 한신 편에 서서 짖었던 것입니다. 천하가 어지러워지면 이를 통일하여 왕이 되고자 하는 영웅호걸은 수없이 많지만, 힘이 모자라 폐하께서 하신 일을 이룩할 수 없었을 따름입니다. 천하가 평정된 지금 앞서 난세에 폐하와 마찬가지로 천하를 도모했다고 해서 일일이 삶아 죽이려 하십니까?」

한고조 유방

이 거침없고 사리에 맞는 항변에 고조는 벌린 입을 닫지 못하고 괴통을 그대로 놓아줄 수밖에 없었다. 제위를 「사슴(鹿)」에 비긴 것이다. 「축록」이란 말은 큰 이익을 얻으려는 의미로도 쓰인다.

《회남자》 설림훈(說林訓)편에, 「사슴을 쫓는 사람은 토끼를 돌아보지 않고, 천금의 물건을 흥정하는 사람은 몇 냥의 값을 놓고 다투지 않는다(逐鹿者不顧兎 決千金之貨者不爭銖兩之價)」라고 했는데, 결국 큰 것에 뜻이 있는 사람은 사소한 일에 구애되지 않는다는 뜻이다. 여기서 「축록자 불고토(逐鹿者 不顧兎)」란 말이 나왔다.

❻ 物腐蟲生 (물부충생) 物腐虫生 만물 **物** 썩을 **腐** 벌레 **蟲** 날 **生**

「생물은 썩으면 벌레가 생긴다」라는 뜻으로, 사람을 의심하고 나서 헛소문을 믿는 것을 말한다. 내부에서 부패하여 약점이 생기면 외부의 침입이 있다는 것을 비유하는 말이다.

중국 북송의 시인 소식(호는 동파)이 지은 《범증론》에 있는 이야기다. 소동파는 초나라 항우로부터 버림받은 범증을 이렇게 묘사하였다.

「생물은 반드시 먼저 썩은 뒤에 벌레가 생기고(物必先腐也而後 蟲生之), 사람도 반드시 먼저 의심을 하게 된 뒤에 남의 모함을 듣는다(人必先疑也而後 讒入之)」

범 증

진(秦)나라 말, 범증은 항우의 숙부 항량(項梁)의 모사(謀士)로 진나라의 포악한 정치에 항거한 항량이 죽은 뒤 진나라에 대항한 항우를 도왔다. 용감한 항우는 슬기로운 계략에는 뛰어나지 못하여 늘 범증이 세우는 계책을 따랐다. 범증은 한나라 유방(劉邦)의 세력이 점점 강해지는 것을 보고 경계하여 항우에게 유방을 제거해야 한다고 주장하였다.

범증은 홍문(鴻門)에서 열린 연회에 유방을 초대하여 죽이려고 계략을 꾸몄으나 뜻을 이루지 못하였다.

유방은 범증이 항우를 도와주는 동안은 항우와 마주 겨루기 어렵다는 것을 알고 범증을 비방하는 소문을 퍼뜨려 범증과 항우를 이간하였다. 유방의 계략에 말려들어간 항우는 범증의 헛소문을 믿고 범증을 의심하면서 멀리하자, 범증은 항우의 곁을 떠나가 죽고 항우도 유방에게 패했다.

❼ 意氣揚揚(의기양양) 意气扬扬 뜻 **意** 기운 **氣** 오를 **揚**

「의기가 드날리다」라는 뜻으로, 바라던 대로 이루어져 매우 자랑스러워하며 뽐내는 모양을 비유하는 말이다. 의기양양(意氣洋洋)이라고 써도 된다. 《사기》 관안열전에 있는 이야기다.

춘추시대 제(齊)나라의 안영(晏嬰)은 영공(靈公)과 장공(莊公), 경공(景公)의 3대를 섬기면서 근검절약하고 군주를 잘 보좌하여 명재상으로 존경받았다.

안영 공원

안영이 하루는 외출을 하게 되었는데, 마부의 아내가 문틈으로 내다보니 그의 남편이 재상의 마부로서 커다란 일산을 받쳐 들고 네 마리의 말에 채찍을 가하며 의기양양하게 흐뭇한 모습이었다(意氣揚揚 甚自得也). 얼마 뒤에 남편이 집에 돌아오자, 그 아내는 남편에게 이혼을 하자고 했다. 남편인 마부가 사연을 물으니 아내가 대답했다.

「안자는 그 키가 6척도 안 되건만 그의 몸은 제나라 재상으로서 제후 사이에도 이름이 높소이다. 그렇지만 아까 그가 외출하는 모습을 내가 보니 매우 침착하고 모든 사람에게 겸손합디다. 그런데 당신은 키가 8척이나 되면서 남의 마부가 되었고, 거기에다 만족스런 모습입디다. 제가 당신 곁을 떠나고 싶다는 것은 이 때문입니다」

그 일이 있은 후로, 마부는 자신을 억제하여 겸손한 사람이 되었다. 안자가 이상하게 여겨 그 마부에게 물으니, 마부가 사실대로 말했다. 안자는 느낀 바 있어 그를 천거하였는데, 그는 대부(大夫)가 되었다.

❽ 南山可移 (남산가이)

南山可移 남녘 **南** 뫼 **山** 옳을 **可** 옮길 **移**

이미 내린 결정은 절대로 고칠 수 없다.

남산은 옮길 수 있을지언정 이미 내려진 결정은 절대로 고칠 수 없다는 말이다. 한번 결심한 일은 결코 굽히지 않겠다는 의지를 나타낼 때 「남산가이(南山可移)」라고 한다.

당나라 때 옹주군(雍洲郡)에 호적을 관리하고 민사소송을 판결하는 사호참군(司戶參軍)이라는 벼슬을 하는 이원굉(李元紘)이라는 사람이 있었다. 《구당서》 이원굉전에 보면 이원굉은 사람됨이 정직하고 일을 처리함에 있어 아주 공명정대했다.

어느 날, 한 중이 찾아와 어떤 사람이 절의 돌말(石馬)을 강탈해갔다고 탄원을 했다. 그런데 강탈해간 자는 태평공주(太平公主)라는 자로서 조정의 권세를 등에 업고 갖은 악행을 저지르는 세도가였다. 하지만 이원굉은 조금도 개의치 않고 돌말을 절에 되돌려주라는 판결을 내렸다. 그러자 이원굉의 상관인 두회정(竇懷貞)은 태평공주가 두려워 이원굉에게 판결을 다시 내리라고 압력을 넣었다. 그러나 이원굉은 얼굴빛 하나 바꾸지 않고 판결문 말미에, 「남산은 옮길 수 있어도 판결은 흔들 수 없다(南山可移 判不可搖)」라는 여덟 글자를 덧붙였다.

남산은 장안성 남쪽에 있는 큰 산인데, 이원굉의 이 말은 원래 판결을 흔든다는(可搖) 것은 남산을 옮기기보다 어렵다는 뜻이었다. 여기서 절대로 변경할 수 없는 결정 따위를 비유해서 「남산가이」라고 한다.

— 千字文나무 ❹ 끝 —

색인

고사성어가 열리는
천자문 나무 ❹

★

초판 인쇄일 / 2016년 7월 5일
초판 발행일 / 2016년 7월 10일

★

엮은이 / 팬더 컬렉션
펴낸이 / 김동구
펴낸데 / 明文堂
창립 1923. 10. 1
서울특별시 종로구 윤보선길 61(안국동)
우체국 010579-01-000682
☎ (영업) 733-3039, 734-4798
(편집) 733-4748 FAX. 734-9209
H.P. : www.myungmundang.net
e-mail : mmdbook1@hanmail.net
등록 1977. 11. 19. 제 1-148호

★

ISBN 979-11-85704-70-8 04910
ISBN 979-11-85704-48-7 04910 set

★

낙장이나 파본은 구입하신 서점에서 교환해 드립니다.

★

값 12,000원

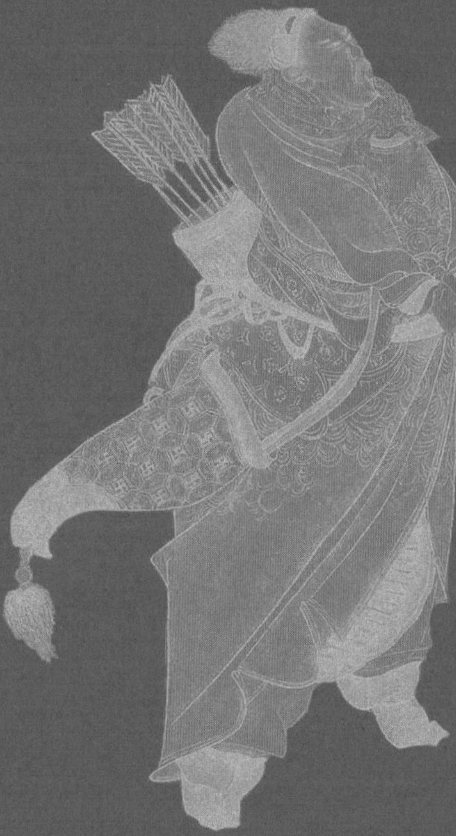

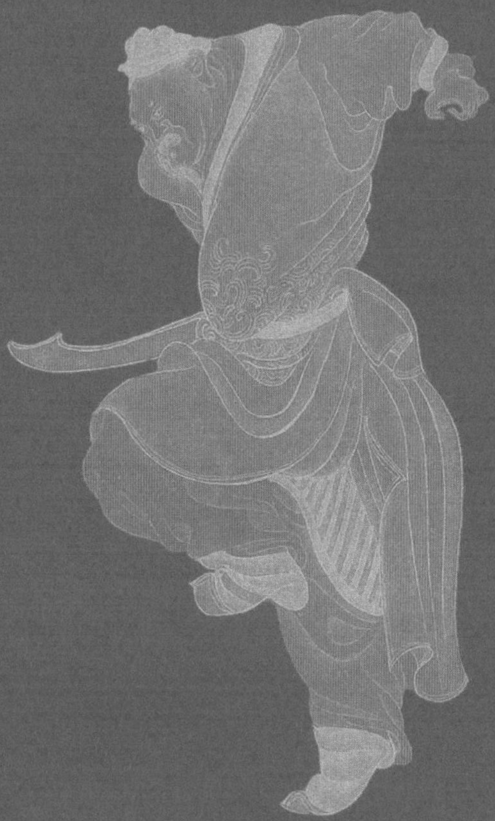